〔法〕玛丽-弗朗丝·巴雷·德·科克罗蒙
〔法〕埃马纽埃尔·巴雷·德·科克罗蒙
——
著

董霞夏
——
译

透过『内在小孩』心法
重整成人与父母更成熟的关系

你的父母
不再是
你的父母

Vos Parents Ne
Sont Plus Vos Parents

北京科学技术出版社

读者须知

心理学是随着人类的科研成果与经验积累不断发展的。本书中所有的建议都由作者审慎提出。虽然如此，你在采纳之前还是应该考虑自身情况与专业人士的建议。如果你的心理健康出现了严重问题，本书是不能代替药物或心理治疗的，请寻求专业的帮助。因本书相关内容造成的直接或间接的不良影响，出版社和作者概不负责。

Vos parents ne sont plus vos parents By Marie-France et Emmanuel Ballet de Coquereaumont

Copyright © Editions Eyrolles, Paris, 2020

All rights reserved.

Simplified Chinese Edition arranged through DAKAI-L'AGENCE

Simplified Chinese Edition Copyright ©2024 by Beijing Science and Technology Publishing Co., Ltd.

著作权合同登记号　图字：01-2024-0992

图书在版编目（CIP）数据

你的父母不再是你的父母 / （法）玛丽-弗朗丝·巴雷·德·科克罗蒙，（法）埃马纽埃尔·巴雷·德·科克罗蒙著；董霞夏译. -- 北京 : 北京科学技术出版社，2024（2025.1重印）. -- ISBN 978-7-5714-4032-9

Ⅰ．B84

中国国家版本馆 CIP 数据核字第 2024DT5788 号

策划编辑：魏林霞	**电　话**：0086-10-66135495（总编室）
责任编辑：胡　诗	0086-10-66113227（发行部）
责任校对：贾　荣	**网　址**：www.bkydw.cn
图文制作：旅教文化	**印　刷**：北京顶佳世纪印刷有限公司
责任印制：李　茗	**开　本**：880 mm × 1230 mm　1/32
出 版 人：曾庆宇	**字　数**：219 千字
出版发行：北京科学技术出版社	**印　张**：10.25
社　　址：北京西直门南大街 16 号	**版　次**：2024 年 10 月第 1 版
邮政编码：100035	**印　次**：2025 年 1 月第 2 次印刷
ISBN 978-7-5714-4032-9	

定　价：79.00 元

从心理学的角度来说，人性中最重要的部分来自童年状态。

——卡尔·古斯塔夫·荣格（Carl Gustav Jung）

和亲近的人沟通，调节使彼此感到痛苦的关系，让大家都能有更好的感受，有什么比这件事更具社会性呢？

——杰斯珀·尤尔（Jesper Juul）

因一个词的力量，我重获新生，我生而为认识你，喊出你的名字：自由！

——保罗·艾吕雅（Paul Éluard）

本书还受到亨里克·戈莱斯基（Henryk Górecki）《第三交响曲》（*Troisième Symphonie*）① 的启发。

----

① 戈莱斯基的《第三交响曲》，又称"悲愁之歌"，是 1976 年为女高音和交响乐队创作的作品。在本书写作期间，我们受到启发的版本，是由约尔丹·卡姆扎洛夫（Yordan Kamdzhalov）、丽莎·杰拉德（Lisa Gerrard）、吉妮西丝·奥切斯蒂拉（Genesis Orchestira）指挥，由贝赞特·哈尔（Besant Hal）于 2020 年录制的。——作者注

前　言

提醒一下，我们与自己的关系，比我们与父母的关系更加亲密。唯有超越与父母的关系，我们才能与自身有所联结。即使父母曾为童年时期小小的我们提供过宝贵的帮助，我们仍要拿回属于我们的自由和独立思考的能力。

——埃里克·比纳（Éric Binet）

"你的父母不再是你的父母。"对许多成年人来说，这句话如同一记惊雷，振聋发聩，使人缓不过神而淹没于冰冷又矛盾的感情洪流中。有些人会排斥这种想法，觉得它很荒谬，有些人则认为自己受到了冒犯……但越来越多的人在假设自己不再把父母当成父母看待时，内心获得了真正的解脱。这种想法即使令人感到不自在，也是根本的事实。它带领我们开启了一段新的旅程，涉及关系、忠诚、责任和自由，让人眼花缭乱，也为我们带来了至今少有人想象或体验过的真正和解。

成年后的子女与父母之间的关系微妙而复杂，鲜被谈及。围绕此主题的一些书仍然忠于某些所谓有理有据的观点，但那些观点其实不过是广泛流传的陈词滥调。如今，成年后的子女质疑父母的亲职功能①（fonction parentale）仍是一个禁忌的话题；在法国社会里，宗教传统观念仍旧根深蒂固，《圣经》（Bible）的第四条诫命"孝敬父母"[1]依然影响着大部分人的精神世界，尤其是它还伴随着一种变相的威胁："你们做儿女的，要听从父母的话，因为这是理所当然的。孝敬父母是你应承诺的第一条诫命：只有这样做才会使你得福，在世长寿。"[2]

自1990年以来，我们通过心理治疗帮助了很多个体、夫妻和家庭迈向新的人际和代际关系模式，帮助他们在成年后从不合时宜的亲子关系中解放出来，因为这种亲子关系令他们感到十分痛苦，甚至已经成为对他们有害的依恋的根源。这种新的心理治疗模式源于心理学中的一个核心概念。这一概念鲜为人知且引起了诸多误解，我们将其称为"内在小孩疗法"②。

心理学家爱丽丝·米勒（Alice Miller）是"捍卫成年人的内在小

---

① 亲职功能指社会普遍认为的父母应承担的职责，包括关注孩子的需求、为孩子提供陪伴与情绪支持、培养孩子等职责。这种职责并非一成不变，而会随着社会观念的转变而转变。——编者注

② 内在小孩疗法是一种心理治疗方法，旨在提升个体的自尊与自我价值感，减轻自怜自恨，增进自爱与自我抚慰的能力，帮助个体与其自我建立正向的治疗性关系。——编者注

孩"行动的主要发起人。在她看来，心理治疗旨在利用实事求是的方法"重建"个体的人生经历，特别是要从内在小孩的视角进行情感体验。回忆会主观地重新构建过往的经历，身体也会保留着童年时期就产生的那些有芥蒂的记忆。如果一个成年人无法合理地回应内在小孩的情绪和情感，他就会继续像孩子一样保持对父母的依赖，持续呈现出完全不符合自己的真实感受的亲子互动，沉浸在让他反复受伤的依恋关系之中，让他脱离现实，无法重新定位自我（soi），也无法在人际关系中获得真正的自由。

在心理治疗方面，我们的专业经验和个人经验都与许多既定规则背道而驰。基本上来说，一个成年人如果与他的内在小孩重建联系并达成和解，那么他就会从内在小孩的角度重新思考自身经历。他会与童年的自己进行特殊的沟通，并与之缔结新的联系，通过成为自己的盟友，进而巩固成年后个体的自我发展过程，摆脱父母依旧实行在他身上的亲职功能。这样一来，父母就变成了前父母①（ex-parent），子女就变成了前子女（ex-enfant）。我们认为，这是有利于成年后的子女与父母重新建立健康关系的一个重要前提。

本书的主旨是基于子女成年后的亲子关系背景，对内在小孩的各种层面进行阐释。许多作品都倡导让子女优先考虑父母的经历，而非

---

① 作者认为，成年后的子女把父母视为他们的"前父母"，让父母不再担任固有的亲职角色，其实会让很多人在与父母相处时放下心中的重担。——编者注

子女自身的童年经历。许多观念让人不顾其他的一切，只要求子女理解父母和父母的故事；或更糟的是，劝孩子原谅父母。而这些观点都存在相同的缺陷：不惜一切代价维护有利于父母（却不利于孩子）的既定规则，维护等级分明、并不对等的亲子关系。这些观点公然地否定许多人为改变亲子关系而做出的努力。世界上仍然有许多人从来不曾质疑子女角色、亲职功能以及家庭的既有概念。孩子在勇敢地捍卫无法被父母接受的言行时总是遭到指责，他的天性被直接否定，他甚至还会遭受虐待，仿佛"亲职功能的运作机制彻底颠倒：我们要保护父母，而非保护孩子"[3]。

诚然，把所有错误全部归咎于父母其实也是一条死胡同。这样一来便无法让前父母和前子女都承担起各自的责任。在本书中，我们将真诚地为你提供清晰、有力的论据。

本书首先探讨对前子女而言至关重要的部分：重新讨论童年时期曾被忽视或被作为玩笑而不受重视的亲子问题。同时我们也会着笔于父母因为要结束与下一代的原有关系模式而不可避免产生的悲伤。太多的父母在放弃父母的角色时感到很吃力，因为在这个痛苦而艰难的过程中他们没有得到任何帮助。

在童年和亲子关系中不曾存在的东西不会在今天出现，也不会在明天出现，更不会在遥远的将来出现。在亲子关系中，那些过去没有实现的事情，就意味着永远都不会实现。孩子为了感到被爱和拥有存在感，会从童年时期就开始适应父母、家庭、社会和文化的种种束缚。这种过度适应是每个人塑造自我的必经之路。因此，在成年后厘清自己与前父母的关系能够让成年后的子女获得真正的自由。他们可以利用这个机会，解开过去的心结，拥抱崭新的可能性，驶向无法想象的、令人期待的、全新的目的地。

由于家庭环境具有多样性和复杂性的特点，本书自然不可能面面俱到。在对数千人进行了三十年的心理治疗实践后，我们发现心理创伤很多时候是由痛苦的人际关系引起的。我们在本书仅探讨、揭示你与前父母的关系中可能出现的问题，并提供解决建议。我们不敢说掌握了唯一的真理，只是分享了在心理治疗过程中真实有效的反馈和建议。

很少有成年人能在自己的父母面前保持平静。如果父母摆出一副"你曾是我们的孩子，就永远是我们的孩子"的姿态，那么你该如何面对呢？此外，许多不合时宜的想法，譬如服从、忠诚、责任感、愤怒、内疚、叛逆、融合感、羞耻、恐惧，也会使亲子关系脱离正轨。当然，亲子之间也不是毫无和解的机会，但你必须先全面地、彻底地"修复"你的童年经历。

因此，你面临着以下挑战：哪些陈旧的观念在阻碍成年后的子女与父母建立健康的关系？如何消除"自己在父母面前永远是一个孩子"的不适感？如何解救被困在过去无法解脱的那部分自我？如何与前父母建立一种新的联盟关系，又应该以哪种状态维持这个"联盟"？

本书的第一部分"原生家庭的既定秩序"会引导你质疑阻碍个体心理和人际关系健康发展的观点。人类天生就有逃避冲突和痛苦的本能，以求自己的原生家庭能够维持现状。因此，若想改变与父母的依附关系，你就必须抛弃那些传统观念。

第二部分"做还是不做父母面前的永恒小孩？"能帮助你更灵敏地感知亲子关系失调的迹象。你可以结合真实的个体或原生家庭经历，逐渐勾勒出一段健康的亲子关系的轮廓。每个家庭都有意想不到的对策，可以创造出一种实际有效的相处模式。

第三部分"建立前子女与前父母的新联盟"将会为你呈现一套全新的亲子相处模式。在这种新的联盟关系中，个体的互相尊重以及对亲子关系的合理憧憬，能够让你从原生家庭系统中解放出来，真正踏上自我觉醒的个性化进程。

目　录

第一部分　原生家庭的既定秩序

第一章　成年人的父母，不存在 / 3

亲子关系之锁 / 4

"这是为你好。" / 8

亲职功能的混淆 / 11

第二章　"曾经，我有一个理想的家庭……" / 19

理想化的家庭图景 / 20

"造人工厂"的家庭运作模式 / 25

备感压力的家庭庆祝活动 / 32

第三章　父母的有效任期 / 41

在"根基"与"翅膀"之间 / 42

永恒的亲情债务 / 43

亲子关系中的爱 / 51

松散的亲情纽带 / 61

第二部分　做还是不做父母面前的永恒小孩？

第四章　未曾消逝的过去 / 79

永恒的适应小孩 / 80

幼儿恍惚 / 97

生存和自我保护策略 / 110

第五章　幼儿化的成年人 / 123

环形监狱 / 124

永恒小孩的依赖性 / 137

手风琴式的亲子关系 / 143

第六章　亲职化的成年人 / 161

不可能的任务 / 162

永恒小孩的多面性 / 171

忠诚的关系 / 180

第三部分　建立前子女与前父母的新联盟

第七章　内在成年人的觉醒 / 187

　　个性化（individuation）进程 / 188

　　爱、失去、成长 / 189

　　拯救内在小孩 / 202

　　成为内在小孩的最佳盟友 / 218

第八章　亲情纽带的多元表现 / 225

　　从亲子纽带到本体纽带 / 226

　　重赋父母人性 / 239

　　联盟新规则 / 248

第九章　亲子关系的重新调整 / 263

　　神奇秘方是不存在的 / 264

　　亲职功能的尾声 / 265

　　公平原则 / 278

　　同等尊严原则 / 286

结束语 / 296

参考文献 / 300

致　谢 / 313

第一部分
原生家庭的既定秩序

第一章
成年人的父母，不存在

　　摆脱父母的权威，是一个人在成长过程中最必要也最痛苦的事情之一。可以说，每个正常成长的人在某种程度上都意识到了自己必须完成这种分离。事实上，社会的进步基本上也基于两代人的对立。

——西格蒙德·弗洛伊德（Sigmund Freud）

亲子关系之锁

在心理治疗方面，很少有作者探讨成年后的亲子关系这个微妙的话题，但他们所做的研究已经为我们打开了新的思路。鉴于其他的心理学作品对此持有不一致的观点，我们决定凭借三十多年的心理治疗实践，分享自己的经验和看法。

不可或缺的父母角色

心理治疗师塞尔维·加兰德（Sylvie Galland）在她的作品中，根据自己为人父母的真实经历指出："二三十年来，亲职功能调动了太多的能量和感情！这种功能在亲子关系中投射了太多争议点和强势的想法，无意间将两代人的人生紧紧联系在一起。亲职功能扮演的角色和体现出的价值被社会所推崇、认可，在无形中塑造了我们的生活并影响着我们人生当中的许多决定。"[4]她还补充道，"我们很难接受自己不再为人父母的事实，失去了父母的身份让我们产生了一种深深的无力感，开始怀念曾经无时无刻不被子女需要的日子。"她没有明确指出这些看似寻常的感受其实存在问题。这些感受展现了父母对自己身份的强烈认同感，他们希望父母被认为是一种"不可或缺"的、理所当然必须存在的角色。这意味着，父母有可能把自己一直固定在父母的角色中，不想抽身。

塞尔维·加兰德在书中又继续说："尽管我们认为卸下作为儿童和青少年的父母的身份重担会让人感到松了一口气，甚至感觉重获自由，但同时也会带来空虚感，使我们无法完全地放手。因此，新的亲子关系研究课题越来越多，比如'如何成为成年人的父母'。"这个问题看起来似乎有点奇怪。塞尔维·加兰德认为，每个父亲或母亲都必须学会放弃自己的身份，但又不是全然放弃；只不过，传统的亲职观念的确需要改变：父母并不会永远是父母，更不会是成年人的父母。

大部分人都不会质疑孩子成年后面对亲子关系时最常听到的观点。某些论断被视为神圣不可侵犯的真理，但只是在不断地肯定当前亲子关系的状态，例如"所有的父母都想把最好的东西给孩子""父母贬低孩子是一种激将法""父母只有好意""一天当父母，永远是父母""我们永远都是父母的孩子"，等等。所谓"家庭是温暖的港湾""父母永远为你好"的印象不仅似乎不容改变，还将血缘关系、亲职功能和亲子关系三者混为一谈。这些论断"源于个人和集体对破坏父母形象的反抗的无能。这种消极的反抗绝不是在保护孩子，而是保护每个个体和集体无意识中内化的父母形象。这些形象必须被保护，免受任何侵犯，只有在研究个体心理和社会和谐议题时才会被质疑"[5]。因此，父母职责仍是一个被忌讳的话题。

未被满足的依恋

许多作品通过随意强化血缘关系的合法性和持久性来捍卫父母的亲职功能，但并没有对亲子关系进行真正的探讨。"父母终其一生都是父母"的观点已根植于社会数百年，随着时间推移，亲职功能变得不可或缺，我们如何才能推翻这些观点？塞尔维·加兰德指出："实际上，孩子们有时在摆脱束缚的过程中会很矛盾，他们会积极维持这种对心理或物质上有帮助的关系。"[6]这种矛盾情感体现在哪里呢？体现在孩子依然期待得到父母未曾给过的爱与关怀的时刻，也体现在父母还不愿意放弃亲职功能的时刻。矛盾心理是未被满足的依恋的问题根源，不可否认地存在于每个人的幻想之中——前子女和前父母都被幻想催眠了，以至于认为"成年人的父母"是存在的。在我们看来，这是"亲子关系之锁"①的要素之一，前子女与前父母之间的关系因此无法取得任何实质性发展。

---

① 亲子关系之锁指父母与子女的关系并没有随着子女的年龄成长而得到健康成熟的发展，亲子关系因此出现问题，双方被彼此束缚，像套上了枷锁一样。——编者注

不愿结束的亲职功能

成年后的子女在处理与父母的关系时常常面临困难，是因为双方都不愿面对亲职功能会结束的事实。但一切都有终点，这是生命的自然法则，没有人可以佯装打破它。否认亲职功能结束比面对这一事实更痛苦。一个人从来不与他所承担的责任画等号，为人父母总有卸下责任的一天，为人子女也终会成长为独立的个体。成年人——这个词意味着长时间的自我构建——不需要自身以外的父母。他可以在个性化进程^①（processus d'individuation）中学会当自己的父母。心理治疗师马丁·米勒（Martin Miller）完美地总结了我们的发现："我们的目标……是打破与父母的情感纽带（lien emotionnel），让自己成为与内在小孩的对话者……让接受治疗的人能够在心理层面上为自己重建亲子关系。"[7]

亲子关系之锁将前子女牢牢地绑在前父母的身边（或相反），让我们再看看关系之锁的其他方面。

---

① 这是个体或多或少有意识地经历内在转变的自然过程，目的是让个体在不断寻求个性发展和人际关系发展的过程中变得更加完整。此概念由精神病学家荣格提出，他通过整合人性和个人人生经历中固有的局限和矛盾，指出了追求最佳自我的冲动的重要性。——作者注

"这是为你好。"

父母相信自己深知"什么对孩子好"。他们的意图和行为的合理性很少被评估。在大多数人的心目中，父母是知道什么对孩子有好处的人。许多父母在日常教育孩子时，都或多或少清楚地强调了这样的信息："这是为你好。"当一些父母声称知道什么对他们30岁、40岁、50岁、60岁或更大的"孩子"有好处的时候，他们并不觉得自己有什么不对。他们有时会无度地干涉"孩子"生活的方方面面：人际关系、养育子女、职业生涯等。

爱与内疚

爱丽丝·米勒解释说："爱孩子的父母应当比任何人都更想知道自己在不知不觉中对孩子做了什么。如果他们口口声声说着爱，却不想了解任何事，那么他们实际上并非真正地关心孩子的人生。"[8]

你可以观察到的第一个可疑迹象是大张旗鼓地说爱。没有什么比沾沾自喜地吹嘘自己的高尚情操的父母更令人担忧的了。在前子女与前父母关系中，如果爱被用来为各种行为辩护或被用来勒令前子女毕恭毕敬、保持沉默，那么亲子关系之锁就被彻底锁上了。

另一个需要你警惕的迹象是内疚：如果你对向父母表达自身感受感到内疚，害怕伤害他们或显得不尊重他们，那么你就可以确定一件事：你是一个"囚徒"。你可能认为父母作为父母，必须得到尊重，他们的舒适比你的更重要；这样一来，一切都显得理所应当。你难道不会对"无论你多少岁都把你当成小孩"感到愤怒吗？这种观念基于几个世纪以来传统观念对儿童与父母具有同等尊严的否认。然而，儿童的思想、知觉、感受、价值观、梦想、问题、目标和言语与成年人的具有相同的价值，它们同样是质疑、教育和智慧的源泉。这种平等观念与"家庭内部是有等级的"的传统观念相对立。在传统观念中，拥有绝对权威的成年人必须得到孩子无条件的服从，还可以强行让孩子接受刻板的行为模式。

著名心理学家让·皮亚杰（Jean Piaget）说，目前在他看来，教育就是在努力使孩子成年后与其所属社会的成年人类型相符合。这种对孩子的影响并非只来自父母，也来自其他家庭成员（比如兄弟姐妹、祖父母等亲人）、文化或宗教。让·皮亚杰的立场是先让孩子们成为具备创新能力的男人和女人，再让他们革新社会。在某些亲子关系中，成年后的子女不仅无法做到这一点，还要依照父母的要求遵守固定的价值观和原则，仿佛身处无形又折磨人的"监狱"。

如果你觉得父母知道什么对你最好，并且比你更了解你自己，你就可能在生活中面临各种困难，你的发展毫无疑问也会受到束缚。当然，你完全可以认为自己能够接受这种牺牲并引以为荣。但是也有许多人默默等待着父母死亡的那一刻，期望得到解脱——遗憾的是，这样通常是行不通的。

埃莱娜，一个听话的孩子

埃莱娜是一名 55 岁的女性教师，她前段时间向我们吐露：

"三十多年以来，我一直没有自己的生活。我陪伴得了癌症的母亲很多年。她去世后，照顾一位患帕金森病的姨妈又花了我五年的时间和精力。在这个姨妈走后，她的妹妹摔了一跤；虽然这位姨妈的妹妹还很年轻，才 60 多岁，但是不久后她就成了残疾人——当然，由我陪着她。她最近也去世了，而我发现自己如今孤身一人。除了我的工作，我没有完成任何别的事业。我感到空虚、悲伤、死气沉沉。我的内心总有一个小小的声音告诉我这一切都很正常，我只是尽了我的责任。但说实话，其实这些牺牲并没有给我带来任何东西。我曾经希望得到他人的感激，但我从来没有得到过。我感觉以前的自己不是一个人，而是一根任人使用的拐杖。我现在很生自己的气。我怎么会这么蠢！"

正如她的父母严苛地对待她一样，埃莱娜对自己也非常苛刻。她坚信这种态度让她已经为生存做好了准备。她一直很听话、顺从，并且忠于长辈，从来没有想过自己能够反抗原生家庭的既定秩序。她已经成为整个家庭的支柱，在这个家庭中，长辈将沉重而合法的担子加诸后代身上。

有毒的教育

埃莱娜的故事揭示了隐藏在"有毒的教育"背后的一面，即孩子在小的时候就被灌输错误的教育理念，以压制孩子的活力和潜力。这是教育暴力的根源之一。每个成年人都有责任坦白自己作为孩子时的真实情况，不能通过声称自己拥有快乐的童年和好的父母就简单地大手一挥抹去所有的童年经历。在不否认所得到的关怀和爱的前提下，每个人都必须认识到亲子关系的复杂、不对等和固化。

亲职功能的混淆

在家庭系统中，人们经常将血缘关系（la filiation par le sang，由血缘维系的亲子关系）、亲职功能和亲子关系本质三者混淆。

面对婆婆的维尔日妮

维尔日妮是一位容光焕发、充满活力的 40 多岁的女性。在结束了一段令她心力交瘁的感情之后，她终于找到了另一位伴侣。维尔日妮担心新伴侣的那个"见缝插针"的母亲，因为维尔日妮独立于自己的母亲生活了三十二年。在一次咨询中，她描述了第一次拜访婆婆的经历：

"我走进他母亲的公寓才知道，她从来没有重新开始过自己的生活。公寓的墙上挂满了度假照片，全都是她和她儿子。他们在各式各样的异国风景中摆姿势拍照，还像情侣一样互相拥抱。她带我去看客卧，那是一个摆满足球锦旗、体育图片和毛绒玩具的房间，看起来就像我男朋友十几岁时的旧卧室。墙上正中央挂着一张我男朋友的照片，很醒目；照片上的他大概只有 1 岁半，一张漂亮的娃娃脸胖乎乎的。我就跟她说：'我真喜欢这张照片！我以前见过。他真可爱啊。'就在这时，她突然转身，双臂交叉在胸前，直勾勾地看着我，大声说：'他是我的宝贝！'我一时语塞。的确，她经常喊她儿子'我的宝贝''我的小猫'或'我的可可'，很少直呼他的名字。而在我爱的这个男人看来，这些言行都很正常。"

这位母亲的反应似乎很讽刺，但这种事情其实司空见惯。这个女人一直是母亲。她独自抚养儿子，母子关系是她生命中最重要的东西。维尔日妮发现她的男朋友总进行一定的仪式，这种仪式会唤起和巩固被神圣化的母子关系。她听到了潜在的信息："没有任何一个女人和他的关系可以超越这种母子关系。"她补充说：

"我立刻就明白了我婆婆希望我跟她争。我的男朋友已经告诉过她，我不是一个任人摆布的女人。我不喜欢被操纵，所以我采取了另一种策略。每次她将自己定位为'全能的母亲'时，我都会告诉她，我不知道那是什么意思，因为我没有孩子。这一招似乎在短时间内会奏效。但是，我之后会毫不犹豫地向我的男朋友吐槽让我不舒服的点。"

为人父母的三个维度

为人父母包含三个基本维度：肉体、象征和关系。每个维度都很重要，无法相互替代，也不能被混淆。

肉体维度是由血缘维系的亲子关系。一个人可以是传宗接代者而非父母，反之亦然。血缘关系具有构建身份的作用。每个孩子都需要知道自己的出身，以便在成长过程中识别自己可以依赖的清晰、紧密和显而易见的家庭关系。亲职功能并非基于法律认可的生物学关系，而基于陪伴孩子构建其人生的能力。正如哲学家和精神分析学家辛西娅·弗勒里（Cynthia Fleury）总结的那样："一个孩子不可避免地会问父母关于父亲的问题，同样也会问关于母亲的问题。重要的是，父母无论如何回答，都不能'遗漏'孩子的出身问题，不应该在这一问题上说谎。孩子和父母正是围绕着与出身有关的事实，才能建立起初步的信任。信任可以让孩子更加冷静地面对与出身有关的问题和之后自身发展的问题。因此，对曾缺席此过程（即不知道自己的出身）的孩子来说，父母是对自己的出身和所处地位的保证。"[9]

传宗接代只是一个自然过程：只要拥有生育能力就可以做到。它没有赋予任何人为人父母的特殊才能。在由血缘维系的亲子关系维度，诸如"一天当父母，永远是父母""我们永远都是父母的孩子"之类的说法是可以被理解的；但从根本上来讲，为人父母的性质与此完全不同。在每个人的人生中，血缘关系意义重大，但并不起决定性作用。

象征维度指向亲职功能。从心理学上来说，这一维度受家庭、文化、宗教和社会等因素的影响，是最复杂的维度。它涵盖赋予父母以亲职功能的所有方面。父母的角色（rôle de parent）永恒不变地由成年人担任，即父母要对孩子承担的责任。孩子的到来不是为了满足父母的欲望、期望和愿望。心理治疗师皮埃尔·拉叙斯（Pierre Lassus）揭示了父母的三种基本功能——保护、供给、允许——以便"足够好"地为人父母[10]。这三种基本功能让父母对孩子具有不可推卸的责任：

● 保护孩子免遭危险并确保尊重他们的身心完整；

● 通过满足孩子的基本需求和人际关系需求，帮助孩子获得对他们
自我发展来说非常重要的东西；

● 让孩子成为他自己，而非别人希望的样子。

以上责任自然也表示亲职功能有结束的那一天。父母陪伴孩子茁
壮成长，但不需要陪伴成年人展开人生。

关系维度涉及亲子关系本质。孩子别无选择，只能与离自己最近
的人建立关系（而孩子年幼时信任的人未必是父母）。这种依恋需求
（le besoin d'attachement）源于维持生物学上的生存需要，是为了让孩
子得到维持生命所必需的在身体、情绪、感情上的照顾。因此，无论
父母对待孩子是亲近还是疏离、是热情还是排斥、是慈爱还是暴虐，
孩子都会发展出应对父母或父母替代者的策略，以满足自己的基本生
理需求[11]。父母必须意识到孩子的敏感性和亲子关系的脆弱性。其
实，孩子在非常小的时候，就会以自己的方式表达他不喜欢哪些事物
了，如果他的需求或痛苦没有得到任何回应，他也会很快适应，为了
避免亲子关系出现问题而掩饰真实的内心感受。即使在成年以后，许
多前子女也还与前父母维持着这种虚假的亲子关系，因为他们在小时
候就被迫这样做。在成年后，曾因被拒绝和被忽视而产生的情感会投
射到让人痛苦的、失调的行为和关系模式中，也就是说，曾被迫埋在

心里的痛苦会表现为某些症状。

　　亲子关系需要在孩子成年后重新调整，这不是为了归咎责任，而是为了理清双方的关系。双方，也就是前父母和前子女，都有责任重新调整这段已经失调的亲子关系。

成年人的幼儿化

　　将为人父母的三个维度——肉体、象征和关系——混为一谈只有一个目的：回避面对亲子关系的真实情况。这一复杂的现实凌驾于血缘关系或亲职功能之上，是一段每个人在不同程度上既受到善待又遭受虐待的关系史，促使每个人在成年后承担起他们的责任。然而，不进行反思并且回避所有的质疑看上去似乎比较轻松，所以许多人自认为只要屏蔽内心真实的感受，就能在一定程度上维持家庭的完整性。他们集体沉浸于一种幻觉之中，这种幻觉承载着未说出口的痛苦和暴力。相信"成年人存在父母"是这一海市蜃楼的一部分，实实在在地巩固了原生家庭的既定秩序。

　　这种既定秩序在人们看来不可动摇、无懈可击，支配着成年后的子女与父母的关系，十分微妙。它声称自己拥有最善良的意图，却也带有要别人尊敬的意味，实际上是在遮掩自己将成年个体幼儿化的事实。

前子女与前父母关系中的核心问题，在于如何脱离这种将对方幼儿化的状态。"要让彼此的关系正常化，关乎控制、秩序、监视的问题……为了维持既定秩序，人们想方设法推迟每个个体进入成年独立阶段的时间。换句话说，个体越晚进入能够独立思考的成熟状态，就会越晚质疑原生家庭的既定秩序，秩序就会越稳固。这种将成年个体幼儿化的手段，通常会伪装成帮助个体的正常举动，生产出更多被削弱的个体、被束缚的个体、被威胁的个体。"[12]

为了拥有一段健康又成熟的亲子关系，仅仅弄清楚父母的亲职功能这一点并不够，我们还要讨论另一个棘手的话题，那就是家庭。

第二章

"曾经，我有一个理想的家庭……"

正是因为生命力、生命感受和生命需求三者之间不断对立冲突的辩证关系，家庭无疑被所有家庭成员视为一个永远和睦的地方，变成了能够满足所有家庭成员需求的乌托邦。

——乔瓦尼·阿比年特（Giovanni Abignente）

理想化的家庭图景

我们如何组成家庭？

基本上，家庭是抚养孩子（无论他们是否为伴侣所生）的地方。对 80% 的男性和女性而言，组建家庭的主要动机是伴侣间的幸福、双向的爱和对生育的欲望[13]。如今，对孩子的渴望大多伴随着对伴侣关系和为人父母的积极态度[14]。然而，家庭远远超出"一对伴侣"和"为人父母"的框架，有一套自己的规则。

为了满足归属感，一个家庭的所有成员往往活成了一个整体。"我们是一个家庭。"大家对这句话耳熟能详。很少有人对构建家庭的方式提出疑问：我们如何组成家庭？我们如果丝毫不思考这个重点问题，就会扼杀家庭系统内部亲子关系进展的可能性，并继续自认为生活在一个理想的家庭之中。

大部分人尽管注意到了家庭成员之间的关系存在问题，但不清楚家庭的运行机制，即不清楚家庭的结构和支配着家庭的规则。因此，他们不知不觉便失去了部分个性，而这进而影响了自我发展的能力。此外，他们经常描绘的理想化的家庭图景其实与他们的实际经历相去甚远。

期望与现实的差距

一些治疗师强调，破坏了前子女与前父母关系的那些责备和不满不容忽略。这些责备和不满主要集中在孩子的期望与现实的差距方面，孩子在感知到落差后会产生不满。比如有的孩子想象自己拥有完美的父母，想象自己能够被爱、被保护、被重视。这样的孩子哪怕在成年后都一直在等待得到自己想象中应得的一切。成年后，为了改善亲子关系，前子女应当意识到前父母是不完美的，并放弃自己从童年时期起就怀抱着的不切实际的期望。

乍一看，这个理论似乎颇有道理。然而，它其实是在指责孩子不成熟，无法洞察父母原本的样子，以至于让童年经历的某一面留在黑暗之中。

实际上，孩子不仅在童年时就能发现父母的局限或不足，而且还背负着这些局限和不足，以自己的方式努力让家庭维持在某种平衡状态。成年后，许多人承担本不属于自己分内的责任，认为自己必须留在家庭系统中；相比于没有得到想象中应得的东西，他们这么做会使自己在与父母的关系中更痛苦。最近，我们的一位患者分享了自己的经历：

"我的母亲独自抚养我，但并不成功。在我的记忆中，她是个痴迷男人的女人。每一次她有了心爱的人，我对她而言就不存在了。她只是断断续续地给我爱，一有男人进入她的生活，她就抛弃了我。而且这种情况有好多次！我感觉不到被爱，也认不清自己是谁。这很痛苦，但比起我如今回想起童年的某些片段时仍能感受到的恐惧，这算不了什么。有好多次，母亲让我做负责任的成年人才做的事情。我必须处理完全超出我能力范围的事情，比如她让我在15岁时无证驾驶汽车。她说我又高又聪明，用这些话来操纵我。每当这种时刻来临，我就会觉得自己是为她而存在的，但实际上我很恐惧。我的心被吓得'僵'住了，但我得确保脸上挂着微笑。一个微小的声音在我耳边低语：'一个母亲怎么能这样对她的女儿呢？'然而，我一直声称自己拥有世界上最好的家庭。现在我与母亲的关系面临重重困难。她还想随心所欲地利用我，但我再也无法忍受了。"

事实上，面对父母，很少有成年人会陷入仇恨、愤怒或责备的情感之中。大部分人即使抱怨父母的某些行为，实际上也仍然非常依恋理想化的家庭图景，以至于他们会持续否认实际的童年经历①。

---

① 在极少数情况下，有些人会描绘糟糕的家庭图景，通过将父母视为"怪物"，合理对抗童年经历，实现自我保护。——作者注

传统家庭的理想化原则

美国小说家劳拉·英格尔斯·怀尔德（Laura Ingalls Wilder）以其面向年轻人的系列小说而闻名于世，她生于 1867 年，在 1930 年写了自传《拓荒者女孩》（*Pioneer Girl*）。但许多出版商拒绝出版这本书，给出的评价是"可读性差"。于是作者重写并进行了美化，于 1932 年以书名《大森林里的小木屋》（*La Petite Maison dans les grands bois*）成功出版。劳拉·英格尔斯·怀尔德于 1957 年去世，但她凭借着 20 世纪七八十年代播出的系列电视剧《草原上的小木屋》取得的现象级成功一直享有很高的名望。该剧由演员兼导演迈克尔·兰登（Michael Landon）执导，将一个拓荒者家庭，也就是 19 世纪的农民英格尔斯一家搬上了荧幕。

这部电视剧出色地诠释了许多人坚守的传统家庭观念。对许多人来说，这种内化的家庭形象是围绕以下六个理想化原则构建的。

- 家庭不存在任何功能失调。
- 家庭基于所有成员之间呈现的爱。
- 父母慈爱并且周到，绝不可能犯错，永远值得孩子尊重。
- 父母应通过教育告诉孩子责任的意义，责任会孕育爱和尊重。

- 家庭提供了充满爱和安全感的环境，是唯一可以解决生活中所有困难的地方。

- 家庭成员要服务于家庭系统的福祉：个人价值感微不足道，我们要爱自己的同伴。

只需要其中两到三个原则起作用，就足以让家庭功能失调。爱丽丝·米勒谴责这些原则是涉及儿童的教育暴力的载体，是陈旧的家庭规训[15]。然而，现实与这六个理想化原则截然不同，就像于 2014 年公布的劳拉·英格尔斯·怀尔德的遗稿写的那样。在她的自传中，她的父母查尔斯·英格尔斯和卡罗琳·英格尔斯整体上表现得忠诚、慈爱，但也时不时地会以各种形式将儿童工具化，并不可避免地对儿童施加情感暴力。

"草原上的小木屋"综合征

"草原上的小木屋"综合征指有些人相信"家庭是所有家庭成员的资源和力量获取之地"[16]。这些人相信家庭为所有家庭成员提供最好的环境、最佳的成长机遇和实现人生价值的机会。事实是，尽管家庭结构正在大幅度地改变，但家庭在整体上仍然对家庭成员的童年经历不甚了解或选择忽略。每个家庭成员心中或多或少都有创伤留下的痕迹。家庭心理治疗师杰斯珀·尤尔和许多其他专家一样，肯定了这个事实："除非有人灌输，否则大部分人都很难做到从童年时就判定自己的欲望和需求并不重要，重要的是整个家庭，个体（家庭成员）必须（为家庭）做出让步。"[17]

如果家庭对每个家庭成员来说不是天然的资源和力量获取之地，那么它真正的本质是什么？

"造人工厂"的家庭运作模式

家庭功能失调

作为对个体、家庭和团体进行心理治疗的实践者，我们从根本上相信每个家庭都有巨大的潜力。为了让它发挥出来，我们必须理解被美国著名家庭心理治疗师维琴尼亚·萨提亚（Virginia Satir）称为"造人工厂"（usine à fabriquer les gens）的家庭运作模式[18]。

根据她的观点，有 96% 的家庭存在功能失调。世世代代继承的基于尊重父母——实际上是基于恐惧、屈服和顺从——的规则正在使家庭"窒息"。家庭很难真正地成为一种对家庭成员有所贡献的、可靠且合乎道德的联盟空间。

通常来说，最常见的功能失调是把期望、要求、角色和任务压在家庭系统中最小和最脆弱的人——孩子——身上，使他们不能只做自己，不能以孩子的角色存在。这种不公正现象一直存在，有些甚至十分荒谬。2018 年 3 月 4 日，记者贝尔纳·德拉维拉尔迪埃（Bernard de La Villardière）在蒂埃里·阿尔迪松（Thierry Ardisson）的《你好，地球人》（*Salut les Terriens*）电视节目中对一篇关于为人父母的好意的报道做出了激烈的反应。他得意扬扬地表示儿子在很小的时候就经常挨打。他甚至宣称，在儿子说了一句不尊重人的话后，他把面包狠狠砸在了儿子的脸上。他总结道："我给父母们的建议就是：告诉你的孩子你爱他们。我父亲经常狠狠揍我，有时打得特别狠，但他总是告诉我他爱我，这种爱比其他任何东西都重要得多。"涉及儿童的教育暴力很明显是理想化家庭（或父母）的产物。理想化家庭是有着万能的、虚幻的、危险的爱的家庭。在理想化家庭（或父母）中，存在一种凌驾于一切怀疑之上的爱，任何不当或暴力的行为都无法将其抹去。幸运的是，许多父母并不接受这种武断的做法。

珍妮和她作为母亲的责任

50 多岁的珍妮有一个 18 岁的儿子，后者患有严重的学校恐惧症。为了帮助他，珍妮毫不犹豫地接受了进行家庭心理治疗的建议。她回忆道：

"我想这是我作为母亲的责任。我 24 岁的女儿能来也让我感到放心些。我觉得两个人一起救我儿子的力量会更强大。第一次治疗让我很慌张。治疗师引导我走出母亲的角色，表达我个人的感受。我意识到我不知道该怎么做。我做母亲已经太久了……"

在完成前两次治疗后，珍妮开始重新关注自身，意识到了她与两个孩子的关系是有问题的。她表示：

"当治疗师问起我小时候和父母的关系时，我愣住了。他让我注意到了这件事。我说我的父母已经尽力了。在那一刻，我意识到我儿子的不适是对我参与建造的那个家庭结构的回应。在我所接受的教育中，以及我因此对孩子们的教育中，坚强是最重要的价值，以至于几乎没有空间能让他们承认和表达痛苦并且得到安慰。从小时候起，我就把表现得坚强、母亲的严厉要求跟爱联系在一起。在治疗过程中，我意识到这种家庭的爱是一个骗局。我的儿子、女儿和我自己都需要从这个牢笼里解脱出来。我们三个人都遭受了痛苦却不敢承认。作为孩子们的母亲，我余下的责任就是谴责这种失衡的亲情。

"只有我自己站出来为'小珍妮'说话，承认她没有一个足够慈爱的妈妈，我们三个人才可能逃出牢笼。这是一次让我受益匪浅的经历。

我感到获得了自由，也亲眼见证了两个孩子的巨大进步。'前子女'和'前父母'这两个词对我来说还有点难以理解。我觉得它们是正确的、健康的，但我还在脱离母亲角色的早期阶段。"

尽管有些家长能够接受自我质疑，但对理清他们父母的教育行为这件事，他们更倾向于保持沉默。这种态度就表明，批判和质疑统治着几代人的家庭系统的既定秩序，其实是很困难的。

评估亲子关系

心理学家和心理治疗师伊莎贝尔·菲约扎（Isabelle Filliozat）表示："几个世纪以来，我们一直提倡所谓的尊重父母。事实上，这种尊重只是一种敬畏和服从，只能用来维护原生家庭既有秩序的传统价值观以及长辈的权力。基于进化程度，比起害怕孩子的批评，我们更害怕父母对自己的评价，难道这不是一种矛盾的心态吗？只需看一眼我们现今人类世界的状况，就能知道这种态度会引导我们走向哪种结局了。"[19]

评估前子女与前父母关系的想法受到强烈抵制并不奇怪。作为曾经的儿童，成年人保留着在童年时期内化了的许多禁忌。如果从小就学会对亲子关系进行健康评估，那么孩子们肯定对他们感受和体验到的家庭系统有话要说。家庭心理治疗师毛里齐奥·安多尔菲（Maurizio Andolfi）提醒："儿童是十分重要的问题发现者，是能够连接山谷两端的桥梁：所有有关家庭发展史和当下困难的问题都可以向儿童或青少年提出，重要的是，要怀着真诚和轻松的心情做这件事，就好像在进行一场游戏。"[20] 对他来说，孩子才是真正的家庭系统专家。

因此，关注自己与父母的关系永远不算太晚。我们在家庭心理治疗方面的每一次实践都在向我们揭示，在心理治疗过程中进行亲子关系健康评估的好处有多么大。重新审视隐藏在前子女与前父母关系中的那些症结，可以让每个人在自己的实际经历中辨别以下四点。

- 应予以谴责的不适当或无法接受的情况。
- 每个当事人的感受——这必然是主观的，但也是合理的。
- 过去落在成年人身上的责任。
- 每个人当下的责任。

正如珍妮的经历所体现的那样，家庭不仅限于父母和孩子的关系。家庭也具有强烈的象征意义和跨代际意义。家庭的形象，如同父母的形象，在大多数时候都因为被过度理想化而让家庭成员们感到痛苦。这种家庭形象是原生家庭既定秩序的基本载体，使我们无法客观阐述家庭功能失调的原因。

个体的基本自由

工厂是把原材料加工成功能各异的各种产品的地方。家庭潜在地致力于让每个家庭成员相信自己是有独特个体价值的实体。家庭成员在互动中可以进行令人难以想象的协作，有助于习得技能、相互支持、获得自由和茁壮成长。家庭应该支持改变，维琴尼亚·萨提亚表明这种改变是"谈论人生的另一种方式"[21]。

很可惜的是，在许多家庭中，来自童年的原材料脆弱、不成熟，甚至很糟糕。这样一来，家庭就成为了一个只将家庭成员进行标准化"加工"的工厂，这就限制了个体的五大基本自由[22]。

- 承认客观情况，而非认为应该发生什么情况的自由。

- 说出真实感受和想法，而非应该怎样想的自由。

- 感受到什么就是什么，而非应该感受到什么的自由。

- 提出个体需求，而非等待许可或期望对方猜测你想要什么的自由。

- 为自己承担风险，而非选择"保险起见"、一动不动的自由。

维琴尼亚·萨提亚将这些自由定义为拥有健康的和令人满意的亲子关系的条件，它们与构建家庭的迷思、价值观、规则、角色和其他沟通形式相矛盾。这些自由让人参与到重要且富有创造力的行动和改变中，但一般的家庭系统通常都厌恶卷入其中。为了维持既定秩序的稳定，家庭系统普遍排斥发生变化。在碰到艰难和不稳定的情况时，家庭成员会采取与以往相同并彼此互补的行为来让彼此凝聚在一起，确保家人之间的联结不会中断。为了规避任何不遵循传统规则的态度，他们会开始进行可预期的、高重复性的沟通。这种维持家庭系统内部稳定的运作模式，完全不尊重每个个体间的差异和个体完整性。

当基本自由受到侵犯时，个体会表达痛苦，继而会期望获得同情和安慰。每个家庭都有自己的方式来应对家庭成员的痛苦，而当这种被家庭视作威胁的痛苦被低估、否认、隐瞒、禁止或被利用时，家庭功能失调就显而易见了。

不要忘记，成年人遭受的痛苦对孩子而言是无法忍受的。维琴尼亚·萨提亚明确指出："孩子们在新生儿状态，也就是接纳一切的状态时，就能很快学会避免承受潜在的痛苦了，比如不再表达反对。"[23]在这种情况下，孩子——家庭中最脆弱的人——就有可能不再表达，而表达是人类的天性。

关于家庭规则，维琴尼亚·萨提亚补充道："尽管个体和他的家庭并没有有意地了解这些规则，但个体的各种行为都是对这套统治着整个家族的、正常且可预测的规则的回应。"[24]一个人在成年后，要理清破坏自由的家庭规则，实现自我解放，就有必要观察某些家庭在庆祝活动中如何暗中迫使每位家庭成员缔结一种过时又失调的关系契约，并且要求个体展现绝对的忠诚。

备感压力的家庭庆祝活动

没有母亲的平安夜

《兄弟姐妹》（*Brothers and Sisters*）是 2006 年至 2011 年在美国上映的一部系列电视剧。这部喜剧以沃克一家为主角，家庭中的孩子都已成年。父亲去世时，这个家庭的理想图景随之破灭。作为母亲的诺拉决心维持她所珍视的家庭的团结，把兄弟姐妹们找来齐聚一堂。

在第五季的某一集中，诺拉向孩子们宣布自己不会和大家一起庆祝平安夜。在母亲家的厨房里，老大萨拉、老二姬蒂、老四凯文和老幺贾斯廷乖乖地扮演着他们在家庭系统中被赋予的角色，纷纷对这个消息做出不同的反应。

母亲诺拉：圣诞节的装饰品在客厅里。你们可以随意装饰。如果有什么问题，哪怕只有一个问题，你们都可以随时给我打电话。我的手机会一直开着。

老幺贾斯廷（惊讶）：哦！

母亲诺拉：好的，那我走了。

老四凯文：但是？

母亲诺拉：我爱你们所有人。圣诞快乐，我的宝贝们。（她走了。）

老四凯文：但是……

老幺贾斯廷：她刚刚是不是……

老二姬蒂：……取消了平安夜，我认为。

老大萨拉：坦白地说，我松了一口气。

老四凯文：什么样的母亲敢这样做？

老大萨拉：我呢，我要回办公室了。你们决定怎么过，然后通知我一声就好。（她离开房间。）

老幺贾斯廷：这真是太倒霉了。

老二姬蒂：不一定，这也可能是一件好事情。（凯文点点头。）没错，也许到了我们能自己决定庆祝圣诞节的方式的时候了。你们都应该来我家过平安夜。（姬蒂很兴奋并补充道）是的，我会布置一棵漂亮的圣诞树，烤一只火鸡，然后……

老四凯文：你知道的，姬蒂，你搞这些麻烦事没什么意思。

老二姬蒂：哦，不不不，这事搞起来很简单。

老四凯文：是的，但我感觉你的房子太……现代了。对，到我们家去吧！完美。

老幺贾斯廷（有些不耐烦）：我很期待今天的平安夜，所以你们快点决定吧。

老二姬蒂：不，凯文，我真的希望今晚是在我家庆祝。

老四凯文：为什么？妈妈准备平安夜的时候，你老是取笑她。

老二姬蒂：那不是真的。

老四凯文：是的，是真的。让我们去我家庆祝吧，会很完美，起码更好，而且……

老二姬蒂：更好？

老幺贾斯廷：好的，那就去凯文家。

老四凯文：不，我不是那个意思……

老二姬蒂：好的，我明白了。那我回家好了。

老四凯文：不，我是说……"安排得更好"的意思。

生气的姬蒂（反驳道）：我们明天再说吧，凯文！

老四凯文：姬蒂……

老二姬蒂一边离开一边说：你竟然说"更好"，不，我一定是在做梦。

老幺贾斯廷（非常担心）：我才不在乎我们在哪里过平安夜，只要我们晚上能做一些布丁就行了。

在这个场景中，兄弟姐妹们自动做出反应，如同一个个大孩子，过度适应了母亲突然离开的情况，因为他们从来没有质疑过僵化的家庭系统。母亲诺拉热衷于进行各种形式的情感勒索，她希望通过在平安夜消失来提醒大家，自己在这个家里必不可少。年纪最大的萨拉因为和父亲比较亲，担任起了父亲的角色，把所有的精力都投入工作中。姬蒂则忠于母亲，想用她曾经不屑一顾的那些食材来为庆祝节日做准备。不起眼的凯文企图寻求认可，想通过代替姐姐组织平安夜的方式找到自己的存在感。最后，最小的儿子贾斯廷则表现得像一个孩子，一心只想过自己心目中的圣诞节。

每逢佳节，当家庭庆祝活动来临之际，我们的许多患者都会备感压力。正如心理学家克里斯托夫·安德烈（Christophe André）所说，这些节日对人造成的心理阴影从来都不是无关痛痒的："家庭聚会的重点根本不在于是吃这个还是吃那个……而是时不时互相进行心理斗争，这种斗争甚至一触即发！所以，一家人在举办家庭聚会时，神经兮兮的个体之间往往会发生冲突，原本设想的和谐场面很快就会乱作一团。哪有什么温情可言？整个交流过程不仅揭示了我们的脆弱、我们很难与家人一起生活，而且也揭示了我们对爱和亲情无比巨大的需求。"[25]

在每个家庭中，每位家庭成员都希望找到自己正确的位置，个体价值受到认可，能够自由自在地表达自我。我们除了观察到这些相互对立的个体愿望，还发现家庭中有一些危险的运作机制，将个体限制在非常狭隘的角色之中，使其合理的需求无法得到满足。

否认家庭的现实状况

在《兄弟姐妹》中,沃克一家遵守的原则也属于传统家庭的理想化原则,尽管这些原则与"草原上的小木屋"综合征体现的相关原则相比并没有明显差别。这部系列电视剧完美演绎了某些家庭为了维持理想化的家庭图景而遇到的难题,也体现了以下否认家庭现实状况的原则。

- 虽然家庭功能失调且充斥着谎言、隐瞒、秘密、语言或身体暴力,但是没关系——任何事情都可以被原谅。
- 只要没有家庭系统的认可,个体就不能自我发展。过于强调个人价值,会有损于家庭的利益。
- 虽然父母并不完美,但过去和现在都一直付出最大的努力,所以他们理所当然地应该受到尊重。父母过去是,现在仍是家庭系统温暖和爱的中心。
- 个体在家庭中扮演的角色无论是固定不变还是经常变动,都是正常的。
- 真正的爱诞生于家庭,所以孩子要对家庭忠诚,要忠于家庭的价值观。

● 成年人在父母面前永远是孩子。

以上的原则只需要其中两到三条起作用，家庭功能就会严重失调。而每一次的家庭聚会，都是否认家庭现实状况的契机。个体会否认自己真实的想法，忠于家庭的理想化原则。

被剥夺的爱

所有人都需要依靠自己得到的爱进行自我发展。家庭的理想化原则认为这种爱是父母之爱。但这只是现实情况的一个方面。为了成长，承认父母对爱的剥夺，在不使父母感到内疚的情况下将他们的正当责任归还给他们同样必不可少。孩子的身体可以感知自己得到的是不是爱。如果没有被要求闭嘴，孩子就会自然而然地表达自己。每当你不得不说服自己"长辈的言行都是为我好"，但身体告诉你事实并非如此时，曾经作为孩子的你就感到了爱的剥夺[26]。

许多父母以"为了孩子好"的名义为自己强加在孩子身上的行为辩护，声称给了孩子自己都从来没有得到的东西。这种通过孩子进行自我补偿的行为，通常被孩子视为深深的爱的剥夺。长大成人后，前子女又会觉得自己好像亏欠了父母什么，还可能因为向前父母倾诉自己小时候的经历而感到内疚。这样一来，成年人就很难对这段关系进行具有批判性的反思：父母的爱隐藏着剥夺，孩子感到自己的需求被转移了，自己的价值被削弱了；而道歉或宽恕（pardon）对孩子本身毫无帮助。爱的剥夺不仅令人很痛苦，还体现了亲子关系问题的另一方面：一些成年人通过同意父母的意见，让他们放心履行亲职功能，甚至通过向父母提供他们在儿童时期没有得到的东西，从而对父母保持依赖。在这种角色互换中，一个人成了他父母的父母——其中隐藏着对内在小孩的深深背叛。

从被剥夺的爱中痊愈，最基本的一步是承认和正视它。同样，要摆脱理想化的家庭图景和自我否定的困境，就有必要打破幻想中的亲子关系。

被理想化的亲子关系

在心理治疗过程中，我们会特别强调前子女与前父母关系的本质。成年人要获得自由，就要先停止幻想从家庭和父母那里得到安全感和保护。当情绪和爱的需求没有得到满足时，这种被理想化的亲子关系就像沙漠中的海市蜃楼，让成年人无法承受藏在内心深处的孤独[27]。

许多心理治疗师都会规避前子女与前父母关系这个棘手的话题。他们基本上都会直接分析被前子女内化了的父母形象，好像过往的亲子关系对现在成年人与父母的关系而言无关紧要。但如果亲子关系发展在表象上确实充斥着各种阻碍，那么它的本质通常就是失调的，会阻碍成年人与父母建立健康的关系。美国著名治疗师约翰·布拉德肖（John Bradshaw）强调："尽管这听起来很矛盾，但一个人在情感范畴被剥夺的东西越多，他幻想的亲子关系就越紧密；一个人越常被抛弃，就越倾向于依赖和理想化他的家庭和父母。将父母理想化意味着将他们的养育方式理想化。"[28]

不管怎么样，过于依恋父母或家庭都是家庭功能失调的表现，失调家庭的每个家庭成员在成年后都对此负有部分责任。当一个家庭充满足够的爱，个体的自主性就会随之体现出来，充斥在亲子关系中的那些幻想也会随之消解。这通常是一个缓慢而渐进的过程，如果进展顺利，就没有人（前子女或前父母）会感到情感缺失。在这种情况下，家庭成员既相互独立又相互依赖，不再限于在家庭中扮演的角色或日常规则，而会重新进行自我定位。这些人因为更有能力应对生活中的机遇和挑战而过着更丰富、快乐的生活。

事实上，过于理想化的家庭图景和对自我的否定会导致个体对生活方式的看法单一，这是许多情感关系问题和亲子关系问题的根源。

单一的茧

家庭是一个单一的茧，在这个原始框架中的成长经历比血缘关系和归属于某个特定群体的体验对个体的影响更大、更有力。毛毛虫会变成茧蛹，然后蜕变成蝴蝶，再飞向四方，从而完成自己的使命；根据种类的不同，这一过程的时间在一周到八年不等。自我实现的冲动是生命的天性，既强大又不可违背。人类也是如此：成长为大人的过程长短因人而异；蝴蝶会离开茧，而成年人会抛开被理想化的家庭和父母。在真正长大之前，成年人还需要接受一件事：所有亲职功能总有结束的一天。

第三章

父母的有效任期

父母应当尊重和爱护孩子。只有这样，他们的孩子和孩子的孩子，才能在漫长的人生中，活出真实的自我。

——爱丽丝·米勒

在"根基"与"翅膀"之间 [①]

为人父母是一份有固定期限的职责、任务[②]。一些作家揭示了亲职功能在生命过程中的显著演变。著名的意大利心理学家乔瓦尼·阿比年特强调："父母的角色正在以一种缓慢、渐进但引人注目的方式发生变化。他们过去负责控制、引导、提供情绪支持的功能变得越来越次要，而（与孩子共同培养）合作、分享、平等交流、尊重个体差异和他人隐私等成年人之间的关系模式变得越来越重要。"[29]思考父母角色的结束是合乎道德的。在家庭内部扮演的理想化角色或多或少地阻碍了个体及家庭成员之间真实关系的发展。只有做好不再做父母（终结亲职功能）或不再做父母的孩子［终结亲子功能（fonction filiale）］的心理准备，每个人才能获得真正的自由，才可以在亲子关系中找回失去的活力和养分。对未来要成为前父母的人来说，更深入地思考自己的角色，抱着更负责任的态度在一定时间内完成作为父母的使命，将会改变一切。对未来要成为前子女的人来说，发展成独立自主的成

---

① 这一表述受到加拿大魁北克的谚语"父母必须为孩子提供两样东西：根基和翅膀"的启发。——作者注

② 这句话借用了作家让－雅克·克雷弗克（Jean-Jacques Crèean-Jac）的表述。——作者注

熟个体将帮助他们在"根基"（我来自哪里）和"翅膀"（我要去哪里）之间找到平衡。

现在，让我们一起来探索亲子关系的本质。

永恒的亲情债务

给予，接受，回报

所有的人际关系都会涉及有关给予、接受、回报的问题。这些问题也是亲子关系中最根本、最值得思考的问题，并叩问着每一位前子女与前父母："我欠父母什么？对我接受的关照和爱，我应该回报父母什么？"个体价值和完整性是在与他人互动的关系中经过不断锤炼而逐步完善的。对孩子来说，它首先取决于与父母的关系。对等和互惠互利的尊重是各种亲密关系的基石[30]。然而，亲子关系中似乎永远存在着一种债务，而我们很容易把孩子视为欠债的一方。这是为什么？

家庭心理治疗师伊万·博索尔门伊－纳吉（Ivan Boszormenyi-Nagy）对此直言不讳："从理想化父母的视角来看，每个人都背负着生存债务，即当我们还是孩子的时候，父母用慈爱换取我们的信任。孩子只要活着，就永远无法真正摆脱对父母的这笔亲情债务。"[31]对父母基本的忠诚源于生命和爱的馈赠。基于这个已有数百年历史的观点，无形的忠诚钳制了许许多多成年人与父母的关系发展。父母很少觉得他们必须通过付出"赢得"孩子的信任；更常见的是，孩子觉得自己天然地获得并享有了父母的爱。如此一来，孩子不但无法感到自在，更觉得亏欠。在内心深处，孩子会认为自己有缺陷，并采取策略掩饰这种吞噬个体价值的顽固的羞愧感。如果你得到的爱是要求回报的，那么你觉得自己在一个想要在你身上投资并获得回报的人的眼里算什么？

在这种情况下，你就很容易理解为什么无论前子女到了多大年纪，父母的亲职功能都会被神圣化并被认为是永恒不变的了。这与弗洛伊德"儿童天生以自我为中心"的理论保持一致：在原始本能和反社会本能的驱使下，孩子把一切都归功于父母的教育[①]。然而，事实并非如此。如今，实际的童年状况已完整地浮出水面，清晰地呈现在你眼前了。

---

① 幼儿期的儿童是"以自我为中心"的。随着年龄的发展，他们会不断调整自己和外部世界的关系以适应他人的期望和需求。他们会极大地依赖在这个过程中的经验和感知，会因为新奇事物与以往的认知（即使是错误的认知）不符而否认活生生的事实。——编者注

我的爸爸他说谎 ①

2015 年，一则催人泪下的泰国温情广告将一个父亲和他 6 岁的女儿搬上了荧幕。

女儿放学回家，走到父亲身边递给他一封信。他开心地边走边读："我的爸爸是世界上最好的爸爸。"

他欣喜若狂，对女儿露出笑容，继续读："爸爸是世界上最帅气，最时髦，最聪明，最善良的人。他是我的超人！爸爸希望我在学校好好表现。爸爸真的太好了，但是……"

父亲满脸严肃地停了下来。他可爱的小女儿垂下头背对着他。他继续读："他说谎。当他说他有一份稳定的工作时，他在说谎；当他说他有足够的钱时，他在说谎；他说他的工作不累的时候，他在说谎；他说他一点都不饿的时候，他在说谎；他说我们什么都有，他在说谎；他说他感到很幸福，他在说谎。他说谎……都是因为我。我爱爸爸。"

女孩转过身再次面对他，但眼睛还是盯着地面。父亲惊慌失措，迅速将她抱在怀里，和她一起哭泣。保险公司广告标语清晰地响起："为

---

① 电视广告原标题为"我父亲的故事：为孩子而梦"（My dad's story：Dream for my child）。该广告由泰国 Phenomena 广告公司制作，塔诺柴（Thanonchai Sornsriwichai）导演。——作者注

了孩子的未来，值得付出一切。"

这则广告很有说服力，广告的前 3/4 内容既遵循了原生家庭的既定秩序，强调了父母的牺牲者姿态，也唤起了成年人对童年的记忆。杰斯珀·尤尔认为，"我们永远不应该低估孩子对各种事物进行思考的深度和复杂度。对孩子来说，父母的幸福永远比自己的幸福更重要。从出生开始，孩子就过度负责，表现出过度发达的社会情感和与实际年龄不符的配合他人的意愿"[32]。广告影片中的小女孩猜到家人有什么事情瞒着她，她偷偷背负着父亲的痛苦，试图减轻家庭系统的沉重负担。因为感到内疚，孩子想在情感上减轻父母的痛苦并内化那些压迫父母的大部分困难情绪（羞耻、内疚、无助……）。许多孩子在与父母相处的过程中，都深刻经历过这一段家庭背负着沉重负担的日子。

孩子会自然地牺牲一部分个体完整性以免有损于爱：他付出的爱和他接受的爱。孩子因此备受折磨。杰斯珀·尤尔解释了这种生存压力是如何存在于每个人身上的："维护我们自己的完整性和协助他人获得他们想要的东西，这两件事是冲突的，也是我们生活的核心困境。一方面，成为一个群体的一员对我们来说很重要，为了能和所期望的人合作，我们要适应他人的需求，去配合那些他人期望完成或想要的事物。另一方面，在这种适应中，我们失去了一部分个体完整性，我们舍弃了某些对我们自己来说重要的部分。因此，为了找到正确的平衡点，我们必须了解自己所处的环境并不断做出调整。"[33]

真实的交流

在这则广告中，个体与家庭系统的一致性体现在：伴随着亲子关系的调整，孩子和父母可以实现真实的交流。在亲子关系中，调整的责任应该完全落在父母身上。孩子只是发出警报，而父母有责任做出回应。

在这个故事中，小女孩觉得自己可以向父亲倾诉心声。尽管她很害怕，但她还是冒着无法预知父亲反应的风险这样做了。毫无疑问，她在后来也充分体验到了她父亲的善解人意和仁慈回应。充满信任的亲子关系让她能够表达自己。父亲既心疼又仁慈的情感和态度减轻了对孩子脆弱的肩膀来说太重的负担。广告的最后一幕是这个小女孩快乐地依偎在她父亲的怀里。亲子关系一旦调整，就会有一个新的开始，父母与子女会在情感纽带中感受到生命的自由流动。

在广告的最后一部分，我们会发现，父母愿意对孩子展现出同理心，愿意提供帮助并给予关爱时，也会对亲职功能产生新的理解。这种新的理解推翻了"永恒的亲情债务"这一概念，打破了原生家庭的既定秩序，反思了父母"大公无私"的爱。

父母大公无私的爱

这是一种很常见的幻想，叫嚣亲职功能的特征是大公无私的爱。人们敬重自我牺牲的父母（就像广告中的这位父亲），并将其作为榜样宣传。人们将所有自我牺牲行为——即使是最不恰当的——与大公无私的爱联系在一起。而根据我们的心理治疗经验，吹嘘父母之爱和孝道的家庭往往比其他家庭有更严重的功能失调。父母口口声声地说爱孩子，显得特别有操纵性。对孩子来说，这种操纵性很危险，因为它会使他更加配合。孩子与父母的关系越固化，孩子的妥协程度就越大。对父母而言也是如此。除了这一点，对孩子来说，尤其是在宣扬牺牲的环境中，说"不"、进行反对或表达 / 捍卫自身需求的可能性也会大大降低。

在成年后，父母大公无私的爱是维持永恒的亲情债务的黏合剂。前子女对自己在情感上和 / 或物质上得到的一切都心怀感激，自认为有清偿的义务。大公无私的爱确保了父母所有的行为，哪怕十分久远，都与爱和 / 或值得赞颂的教育有关，然而事实可能并非如此。

简要回顾一下历史心理学

历史心理学^①的开创者、美国研究员劳埃德·德莫斯（Lioyd de Mause）认为，文明的发展取决于社会对待儿童的方式。"历史变革的本质力量不在于技术，也不在于经济，而在于人格发展，是通过世世代代父母和孩子的互动而发生的转变。"^[34]通过分析从古至今的亲子关系史，他总结出了以下三种典型的心理反应模式。

- 投射效应：成年人将自己无意识地投射到孩子身上。孩子成为此内容的载体和代表。因为唤醒了成年人的冲动，孩子被认为是坏的和有罪的。
- 逆转效应：孩子是成年人在情感上得到填补和修复的替代品。
- 移情效应：成年人认同儿童的需求和特殊性，并朝着儿童满意的方向行事。

投射效应和逆转效应非常普遍，可以削弱甚至消除父母由于不当的养育行为而产生的内疚感。父母不会感到内疚，因为错在孩子身上。然而，正如我们之前所讨论的，孩子会自然地通过接受父母转移到他

---

① 该学科研究某些历史事件发生的原因，致力于了解各种群体和社会的过去，以及现在的社会行为、政治行为的情感起源。——作者注

身上的角色来保护父母。这样一来，孩子就会一直感到羞愧和内疚。对劳埃德·德莫斯来说，对孩子重复地施与暴力是心理健康发展史中最有缺陷和最具破坏性的一点。

终结永恒的亲情债务

对前父母而言，结束亲职功能是一项正在进行的蜕变。它让人重新评估并调整亲子关系，瓦解了前子女与前父母关系中既不公平又阻碍自我发展的忠诚。"能拥有如此出色的父母是别人想都不敢想的好运，要对此怀有感激之心"[35]，正是这一永恒的亲情债务使许多人陷入困境，阻碍了个体对自身生命承担全部的、完整的责任。

并非父母给予孩子以生命，而是生命本身通过孩子到来。无论是支持还是束缚，父母都面对着一个独特而具体的存在。终结亲职功能是有必要的，这可以避免人们误认为孩子对父母有所亏欠。无论你是否感激父母，你都无法改变一件事情：你的父母创造了一个生命，而你是唯一获得这次机会的人。父母对你唯一的馈赠，就是让你将美丽的人生送给自己。

前子女并不与生俱来地亏欠前父母任何东西，可以忠于内心，自己判断想与前父母分享什么。孩子不属于父母，借用纪伯伦的诗来形容孩子的本质，那就是"其本质是生命对于自身渴望而诞生的孩子"。

只要记住这一点，每个人就都能够平衡好基于自身生存的双重体验：体验亲子关系以及体验自我成长。

亲子关系中的爱

至高无上的情感

乔瓦尼·阿比年特强调了这一显而易见的事实："问一个孩子，'家庭中什么最重要？'他会回答你：'当然是彼此相爱！'他根本不需要深入思考或进行广泛的心理学研究就能意识到这一点！彼此相爱意味着家庭成员之间足够和谐且存在足够大的凝聚力：所有人都能感知并体验到相互羁绊的爱的纽带（lien affectif）。"[36]

矛盾的是，家庭的爱是一种既普遍存在又被误解的情感。父母通常以他们对孩子的爱的感觉为支柱。有时，这种情感会变成一种僵化的心理状态。有多少父母会评估他们的爱是否真正被孩子感知和接受？太少了。那种情感会变成专注而关切地倾听孩子心声的行为吗？它是否会以温和的眼神和积极的言语被表达出来？它是否会变成表达爱和支持的行为？就其最基本的形式而言，爱是至高无上的情感，而孩子是情感专家。

我们在另一本书中讲过："爱的情感是童年经历的核心。一个刚来到这个世界上的婴儿对爱没有先入为主的观念。他的整个身体和思想调动了不可思议的资源来与父母建立联系。爱的情感对婴儿来说类似生命的养分，伴随着简单的快乐、深度的放松和温暖的善意，是一种影响人的健康、活力和幸福的自然能量。婴儿对爱的需求大到难以被满足，它保证了婴儿的成长和发展。而孩子的爱是来自生命深处的渴望，作为生命和感性的独特产物，由内而外慢慢散发能量并日益显著。"[37]当谈及亲子关系中的爱时，很多人会习以为常地忽略孩子的爱。然而，这份爱在任何家庭系统中都是最宝贵的财富。

查尔斯的个人体会

在治疗过程接近尾声时，50多岁的查尔斯谈到了他的个人体会：

"我和内在小孩接触了上百次。以这种方式重新和童年经历产生联系，让我很受冲击。在某种程度上，我能够理清哪些是自己的真实感受，哪些是我自己对过去的解读。我可以理性地看待父母的行为，不管它们是积极的还是消极的。这深刻地改变了我对童年经历的看法，意外打开了我看待人生的另一种视角。现在，我的内心有一个信念，我称之为'个人体会'。我确信我的父母能够和曾经的我那样的孩子一起生活是非常幸运的。他们没有充分意识到这一点。如果他们当时能意识到，那么很多行为无疑会发生改变。无论如何，通过与我的爱的源泉——我的内在小孩产生连接，我学会了更加公正地对待自己和人际关系。"

　　是的，孩子是家庭的爱的核心。它与孩子天使般的天性并没有太大关系，而与孩子的身体能感知并识别爱的情感，也就是那种"我们与别人分享的热情往来的微小瞬间"[38]有关。孩子是家庭系统中爱的晴雨表，是可以识别亲子关系中是否有爱的宝贵专家。正如美国神经心理学家芭芭拉·弗雷德里克森（Barbara Fredrickson）所说："爱是至高无上的情感。它在我们生活中的存在与否会影响我们所有的感受、情绪、思想、言行和我们的未来。"[39]

　　亲职功能需要更多的人性和更少的教化，让维持亲子关系的养分——爱，在家庭中更好地循环。然而，父母并非爱最主要的来源。他们更常是通过关心和照顾孩子而促进爱的循环的人。在三十年的心理治疗实践中，我们发现与内在小孩和解的成年人会成为更公允的父母。他们会减少以教导者姿态与孩子相处的时间，做出更多可以滋养亲子关系的行为（比如温柔的对话，表达和认可情绪、需求，阅读，做游戏和进行其他休闲活动，共同完成一件事情）。这些特别的交流能够促进孩子和父母之间相互信任的、肯定自我价值的、相互关怀的和深刻的联盟关系，让孩子体验到旺盛的爱意。

普遍存在的爱的缺失

2010 年，法国国家统计与经济研究所（Institut national de la statistique et des études économiques，INSEE）的一项研究量化了父母在以下方面给予孩子的平均时间：照顾日常起居、接送、交流（用以加固亲子关系）和关注学业[40]。在法国，女性普遍比男性花更多的时间在孩子身上。在交流方面，母亲平均每天花 13 分钟，父亲平均每天花 11 分钟。2014 年，4 岁至 10 岁的法国儿童平均每天花在看电视上的时间为 2 小时 18 分钟。如今，电子产品（手机、平板、电脑等）的发展及儿童（包括 4 岁以下的儿童）对其的广泛使用让亲子交流的时间变得少之又少，这是一种令人担忧的现象。父母与孩子如果缺乏交流，就无法建立优质的亲子关系。

家庭心理治疗师杰斯珀·尤尔曾对 25 对父母进行测试，让他们自主评估与孩子的交流情况[41]。这些父母认为，自己说的 50% 的话是没有效果的，与他们的真实感受也不相符；还有 20% 的话是无意识说出来的，这些话并不妥当，只是在重复他们自己的父母说过的话。根据这项研究，父母的话只有 18% 是让他们自己满意的。

看完这项研究的结果，我们更能理解为什么有些孩子学会了"在自己之外"生活。根据杰斯珀·尤尔的说法，"他们失去了倾听自己内心所发出的声音的信心，这对他们的身心健康状态并没有好处；这会阻碍他们发展自信心，抑制他们发展同理心和与他人相互依存的感受；也会降低他们的学习能力、心理能力与'社会免疫系统'功能，并增加他们成瘾和变成受害者的风险"[42]。

孩子不应被视为成年人的附属品，他们应该因为在爱方面的专长而得到认可。实际上，父母应该成为学习者，因为他们肩负家庭幸福的重担。将孩子当成一个教导爱的老师，是父母摆脱自己过去有缺陷的教育方式的最佳途径。

失职的父母

如果父母阻止孩子在人生的前几年释放天性、无忧无虑地玩耍，父母就偷走了孩子的童年，变得有些失职。面对某些可能不是必要的义务，失职的父母要求孩子承担根本不属于他或不适合他年龄的责任（做家务、照顾兄弟姐妹等）。当然，父母可以提议年幼的孩子一起参与家庭生活。孩子喜欢感受到自己很重要，喜欢与父母建立紧密的连接。他把这一切视为分享和学习。让孩子参与家庭生活不是问他愿不愿意——这对一个年幼的孩子来说意义不大——而是让他感受到父母在与他的合作中陪伴他成长的快乐。不过，孩子并不会一直需要父母的陪伴。他在成长过程中，会自然而然地越来越想独自完成任务。

　　父母必须遵循一条黄金法则：孩子不能，也绝不应该被物化。孩子如果被物化，那么即使他顺从父母，他也能察觉到。物化孩子会破坏亲子关系，减少在这段关系中流动的信任和爱。如今，从行为心理学的角度来看，父母的权威比过去更加有害。一些父母利用孩子对他们的喜爱和重视，操纵孩子顺着他们的意愿行事。喜爱和重视成为一种突破孩子心理边界的糟糕策略[43]。这样微妙的、具有控制性的评价方式会使孩子产生一种虚假的亲密感和有害的感受（自卑、被遗弃、无助），以及对父母形象的病态依恋。每对父母都应该问问自己用某种方式对待子女的真正目的到底是什么。

说"不"，意味着自主性的觉醒

　　心理治疗师安东尼·德·梅勒（Anthony de Mello）提醒我们："对别人说'不'是一件很棒的事，这是觉醒的一部分，意味着按自己的方式生活。你要明白这种态度并不自私，按自己喜欢的方式生活一点也不自私。要求另一个人按照你的喜好，为了你的利益、你的骄傲、你的快乐而生活，这才是一种十分自私的态度。学会说'不'后，大家就会认为：我要保护自己；我不觉得必须跟你一致，我不觉得必须对你说"是"；如果我觉得有你在很愉快，那么我会享受（和你在一起）但不会抓住（你）不放。"[44]

无可否认，生下一个孩子然后对他进行教育，受到许多与孩子自身——他这个人、他的需求和他的特殊性——无关的因素的影响。情侣或夫妻想要孩子的原因多数是自私的；这是一个不应被掩饰的事实。一位有准备的父亲或母亲胜过一对没有经验的父母。理性的父母会为孩子的反对感到高兴。孩子说的"不"会渐渐在他自身、他的极限、他的需求和他的价值观中变成"是"，有助于孩子自主性、自我价值和爱的发展。研究表明，反对父母的权威与更健康的自主意识有关[45]。孩子的"不"给了父母重新评估自己的期望和期望的合理性的机会。在这种情况下，亲子关系成了整个家庭进步和发展的源泉，时时刻刻提醒父母持续培养、维护孩子的自主性。这也提醒前父母他们并非只为前子女而存在，他们也要培养和保留自己的自主权，不能仅仅指望或依靠前子女生存。

选择，意味着成熟

孩子需要自己做决定，而非服从命令。这样他才能在为自己的行为负责的过程中逐渐成熟。根据维琴尼亚·萨提亚的说法，"一个成熟的人能够根据对自己、他人以及所处环境的准确判断做出选择和决定；一个成熟的人承认自己的选择和决定，并为结果承担责任"[46]。

成长不仅仅涉及自主性，还涉及建立成熟的关系，尊重关系中每个个体的完整性。因此，前子女（或前父母）可以衡量并决定亲子关系状态何时不再适用于与前父母（或前子女）相处。当爱的情感充分体现在亲子关系中时，每个人都能成熟地做出必要的改变来重新调整亲子关系或建立新同盟。正如精神病学家莫尼·埃尔卡伊姆（Mony Elkaïm）所说，"问题不在于急切地分辨谁对谁错，而在于摆脱目前的状态：他们坚信自己是对方的受害者"[47]。

自主性和成熟度促进了亲子关系的重新调整，并且消除了其中所有的害怕和不安。

终结害怕和不安

心理学的依恋理论表明，个体在探讨童年时与父母之间的情感联结，以及成年后与他人（伴侣、原生家庭成员或与自己的孩子）之间的情感联结时，都会或多或少地表现出明显的焦虑[①]。心理学家布莱兹·皮埃安贝尔（Blaise Pierrehumbert）因此得出结论："依恋，无论是对伴侣、子女还是父母，都是培养安全感的基础，有助于个体形成开放的态度，反过来也可以促进封闭、依赖。"[48]依恋的第一阶段对应孩子生命的前十八个月。在此期间，孩子会完全依赖可靠、有能力

---

① 研究表明，大约45%的人感到焦虑，并有不安全依恋。在我们对内在小孩的研究中，这个数据似乎低于真实数据。——作者注

的和慈爱的父母。

几年来，我们在心理咨询中用一项测试[49]来揭示成年人与父母的关系，如下所示。

现在在与父母的关系中的感受

以下表述是否可以反映你在与父母（父亲、母亲或两者）的关系中的感受，你只须勾选"是"或"否"。

表述	是	否
当父母大声说话或生气时，我会感到害怕。		
我害怕对父母表达愤怒。		
当我必须告诉父母一些他们可能不想听的事情时，我会感到害怕。		
我害怕失去父母的爱。		
当我不同意父母的意见时，我会感到害怕。		
当我试图对父母表现出不开心时，我会感到害怕。		
我害怕达不到父母的期望。		
我害怕让父母失望。		
我害怕说"不"。		
我害怕已经搞砸了父母的生活。		
如果说一些关于我自己的事，我就会害怕被排斥。		
我害怕被迫使、被强制去做父母要求的事情。		

续表

表述	是	否
我害怕父母不喜欢我的男朋友或女朋友。		
我害怕知道家庭的秘密。		
我害怕不小心泄露父母告诉我的秘密。		
我害怕自己没有听从父母的建议。		
我害怕伤害父母或给父母造成痛苦。		

如果你勾选了一条或多条表述后的"是"，那么你与父母的关系的某些方面就需要调整。你们之间的关系太紧张了，这种关系等级森严、不对等、令人害怕和不安。

通过这个测试，许多人意识到他们在前子女与前父母关系中的自主性和成熟度仍有待确认和巩固。这种构建只有在亲职功能结束后才能成功。

爱的情感——热情、共同分享喜悦和让人感到幸福的微小瞬间——回到亲子关系的核心位置会让父母的角色终结，让前子女和前父母在毫无害怕和不安的关系中重新找回彼此。自主性和成熟度建立在亲子关系中爱的情感和相互尊重的基础之上。因此，爱既不是责任也不是义务，更不是买卖。它无法被购得，也无法被偿还。这种至高无上的情感是抵御害怕和不安的最佳堡垒，揭示了亲子关系的真实状态。

松散的亲情纽带

脆弱的桥梁

太多的父母误认为自己与孩子的亲情纽带是坚不可摧的。这种亲情纽带被错误地与血缘关系牵扯在一起，被认为是牢不可破的。人们常错把亲情纽带、父母拥有大公无私的爱这种幻想，当成父母对孩子的好。或许在父母一方看来天然就是如此，但这种幻想并不能与后者画等号，这种误解对孩子也是不利的。许多为大众所熟知的亲情表现都忽略了一个事实：亲情纽带是一座脆弱的桥梁，是一种脆弱的情感联结。它无法承载所有的重量，并且随时可能松开，有时甚至无法重建。许多前子女深信自己无法动摇与父母的亲情纽带。这种信念让他们宁愿僵持在痛苦的亲子关系中也不去做调整，让亲子关系无法实现任何有益的转变，进而对双方都产生负面影响。长此以往，亲情纽带只会继续弱化，甚至有完全断裂的风险。

亲情纽带的脆弱性在于儿童的自我本就敏感和脆弱。许多父母没有意识到自己不当的言行对孩子的影响有多大。矛盾的是，孩子越痛苦就越依赖使他痛苦的人。因此，"孩子们完全忠于父母，即使生育他们的人虐待他们。受虐的恐惧增加了依恋需求，孩子们出于害怕和不安会表现出更高的忠诚度，希望在臣服之后能得到来自父母的宽容与安慰"[50]。

孩子无法选择父母，只能咬紧牙关确保自己能够在家庭中生存下去。当父母是权威的化身时，孩子很难控诉自己遭受的苦难，成年后，他也很难谴责自己遭受的苦难。在小时候，孩子很擅长动用所有的能量隐藏自身的感受并保持沉默。而成年之后，他也会刻意否认那些身体无法忘记的事实，与真实的自我产生冲突。这些通通都是我们生命中伤痛的根源。

在成年后，前子女与前父母关系中的问题往往隐藏着前子女缺乏爱、被工具化或被虐待的痕迹。每个人除了陈述自己的经历和故事，还必须指出和谴责那些充斥在童年中的无法让自己接受的言行。一个人如果不以内在小孩的名义表达愤怒，就无法从童年创伤中自愈。所有的治疗都需要区分什么是真实的，什么是过往身体创伤的重现。长期以来，一些治疗师遮掩并集体否认一种"隐藏的流行病"[①]：童年创伤。

---

① 此为美国精神病学家巴塞尔·范德考克（Bessel Van der Kolk）对童年创伤的称呼。——作者注

童年创伤

在一次研讨会中，我们提出了一项测试，灵感来自美国一项关于童年不良经历（Adverse Childhood Experiences）及其对成年人身心健康和生活质量的影响的研究[①]。

我小时候与父母的关系

以下表述是否能够反映你人生前十八年的经历？你只须勾选"是"或"否"。

表述	是	否
父母或其他成年人是否经常或频繁地骂你、贬低你、羞辱你、对你吼叫，或做出任何让你担心自己可能受到身体伤害的行动？		
父母或其他成年人是否经常或频繁地打你打得太重，以至于你身上留下了痕迹或伤口，甚至让你害怕自己会因此死掉？		
是否有成年人或至少比你年长 5 岁的人以性的方式触摸、抚摸你或让你触摸他们的身体，或让你尝试 / 进行性交（通过口腔、肛门或阴道）？		

---

① 该测试采用了文森特·费利蒂（Vincent Felitti）从 1998 年开始在美国研究儿童不良经历所使用的问卷，包含 10 类问题，但稍有改动。我们还增加了第 11 类问题。——作者注

续表

表述	是	否
你是否经常或频繁觉得家里没有人爱你，或没有人认为你很重要 / 特别？你的家人是否彼此不关心、不亲近、不相互支持？		
你是否经常或频繁感到吃不饱、穿脏衣服、不受任何人保护？你的父母是不是经常喝醉、使用违禁药品或情绪低落以至于不能满足你的基本需求（吃饭、洗澡、穿衣、就医）？		
父母分居或离婚是否让你感到被遗弃、被操纵或被工具化？你是否觉得自己必须选择放弃与父母其中一方的联系？		
你是否经常或频繁地被母亲（或继母）或父亲（或继父）推、抓、打，或有时 / 经常 / 频繁被扔东西、踢、咬、被拳头 / 物体（反复）击打，或被具有潜在危险的事物威胁？		
你是否曾与酗酒者或使用违禁药品者共同居住？		
与你关系亲密的家庭成员是否患有抑郁症等精神疾病或曾企图自杀？		
与你关系亲密的家庭成员是否服过刑或在法律上被判过刑？		
你是否经常或频繁地成为其他儿童的受害者（你无法保护自己或得到帮助）？其他儿童曾殴打、羞辱、侮辱、贬低或骚扰你吗？		

　　在以上表述中，只要有一条的选择是"是"，就能够证明你在童年时经历过影响你人生的创伤。而你选择的"是"的表述越多，你成年后出现发展障碍的可能性就越大。这项研究的结果显示，孩子在童年时承受的痛苦和家庭功能失调的程度，与孩子成年后可能遭遇的问题，比如使用违禁药品、酗酒、过度肥胖、试图自杀，以及患抑郁症、心脏病、癌症、慢性肺病、肝病和骨折存在强相关性[1]。"童年不良经历会造成严重的发展障碍"这一观点在如今已被证实。童年经历会塑造人们的大脑，任何痛苦的遭遇都会训练它忍受打击，代价便是留下深刻的伤疤[2]。父母的虐待和忽视带来的后果十分复杂，会让孩子形成极度敏感和脆弱的性格。

　　你即使没有童年创伤或发展障碍，借助此类信息来审视童年生活也能给你带来好处。面对真实或想象的威胁时，压力反复出现有害于儿童在情感、认知和社交方面的能力。由此可以看出一件显而易见却在现实中遥不可及的事情：父母的主要责任是在健康、安全和可预期的环境中陪伴孩子成长。

---

　　① 这项对美国人口的研究发现，儿童时期遭受虐待和家庭功能失调的程度与造成成年人死亡的几个主要原因的多种风险因素之间存在很强的相关性。有关此主题可参阅发表于法国眼动脱敏与再处理疗法（Eye Movement Desensitization Reprocessing，EMDR）研究所网站的《费利蒂对童年不良经历的研究》（*Etude de Felitti sur les expériences négatives de l'enfance*）一文。——作者注

　　② 该观点源自精神病学教授马丁·泰彻（Martin Teicher）博士，巴塞尔·范德考克在《身体从未忘记》（*Le corps n'oublie rien*）一书中亦有提及。——作者注

可逆和可调节的亲子关系

42 岁的梅拉妮的经历证明了亲子关系的可逆性和可调节性，也给了我们希望。

"在我女儿 4 岁到 8 岁的时候，我经常给她压力，让她动作快点，把东西收拾好，规规矩矩地吃东西。我一直在她背后不停地催促，很快就没了耐心。随之而来的就是我对着女儿大呼小叫、辱骂，和女儿争吵，有时甚至会怒不可遏地扇她耳光。早上为了送她上学而做准备的那个时间段简直就是地狱。我记得有一次我爆发了，用拳头砸墙壁，把石膏墙砸出了一个洞。我女儿满眼恐惧地看着我，我先生也吓坏了，告诉我'够了！'，我太离谱了。我意识到了自己对女儿的暴虐行为，尽管我心里很想控制自己，但我根本控制不住，也没法改变。发生这种情况后，我感到很羞耻、很内疚，但这没有解决任何问题，反而让我更加不舒服和愤怒。"

意识到自己对女儿造成的这种痛苦之后，梅拉妮下定决心接受心理治疗。但对这位习惯掌控一切的母亲来说，正视在心理治疗的过程中发现的童年创伤并不容易。

"随后，我决定通过与内在小孩沟通的方式进行治疗。我见到了一个在不同阶段都受到了伤害的小女孩：她3岁到6岁的时候，她的父亲用蛮横的教育方式残忍地对待她；8岁的时候，她被患有抑郁症的母亲抛弃；随后，她进入了被父母贬低的无助的青少年时期。我从来没有觉得我小时候受过如此多的苦。很早的时候，我就学会了满足父母的期望。我拥有的只是内心深处的悲伤、忍住的眼泪、从来没有被听见/被看见也没有得到任何抚慰的埋怨和恐惧，累积成了我长期以来的愤怒。治疗结束后，我和女儿以前的矛盾化解了。虽然我仍时不时感到愤怒或烦躁，但我能更冷静、更耐心地表达我的情绪，再也没出现过过激的行为或言语。当局面紧张的时候，我会努力专注于自身和自己的感受，对我内心的小女孩说话，安抚她的情绪。"

在整个心理治疗的过程中，梅拉妮把她的精力、时间和计划能力用于满足"小梅拉妮"的需求，她的人生发生了巨大的变化。

"现在，我换了一份压力比较小的工作，我给自己更多的时间睡觉，做更多的运动，还经常做按摩。我和自己的关系发生了翻天覆地的变化，我发现自己和女儿的关系也变得更温和、更充满爱意了。我和她一起制订了一些仪式，比如每个星期天都有一段家庭亲密时光，我们会一起出门、一起读书。我觉得我们之间有了真正的默契，而且我很开心女儿会提起她那个'严厉的旧妈妈'。这对我来说是一个告诉她从前的那一切非常不正常的机会。在某种程度上，这是一个庆祝我们之间找到了爱的时机。心理治疗给我所有的关系都带来了积极影响。我感觉世界终于变得更加宁静、安全和快乐了。"

梅拉妮的勇气揭示了亲子关系中不合理行为的可逆性。每个父亲或母亲都有责任不断地调整亲子关系，不能仅仅以善意的态度和积极的教育规则为挡箭牌。父母在行为上积极的变化虽然值得肯定，但它有时也可能沦为亲子关系中的陷阱。善意的教育规则背后往往隐藏着对原生家庭既定秩序的遵守和"父母永远都是充满好意的、大公无私的"有害论断。

理性的父母会关注亲情纽带错乱或断开的可能性，而逃避自身创伤的父母无法对孩子的一些基本需求做出回应，并且很可能使某些形式的暴力长期存在。这一事实如果被忘记，就会产生巨大的风险。理性的父母与其说是关注教育，不如说是关注亲情纽带的脆弱性和易损性。父母可以通过关注受伤的内在小孩，获得更多调节自身不合理行为的资源，把握激活、维护亲子关系的机会，来避免和孩子的亲情纽带断裂。

对人类而言，有高质量的人际关系是基础需求。充满爱意、相互信赖、感到安全和舒适的人际关系可以强化个体的存在感。一段健康的关系允许每个个体表达自己的情绪、感受、需求和想法，也会尊重每个个体完整性的发展。理性的父母知道父母的角色是有固定期限的。他们在陪伴着孩子的同时，也会定期扪心自问自己的定位是否正确，是否尊重孩子的自由和差异。正因为不会忘记自己的使命会到期，所以理性的父母才能始终保持谨慎。他们不会自认为一直做得很好，而会倾听自己和孩子的心声，对自己保持怀疑，也对孩子保持关心。他们允许自己对孩子保有好奇心，因为归根结底，他们并不了解孩子。他们对孩子进行探索，也鼓励孩子探索自我、肯定自我、接纳自我。理性的父母清楚自己的局限性，也会表达自身有局限，而非强迫孩子接受父母的局限性。没有孩子需要完美的父母，每个孩子都希望自己有诚实、可靠，能认识到自己的错误并运用自身能力做出改变的父母。

亲情纽带充满活力，但也具有易损性，不能被简化为教养问题。否则，亲情纽带就可能失去弹性并被瓦解。

家庭功能失调的症状：断绝亲子关系

45 岁的贝亚特丽斯在生活的各方面都备感无助。她把这种感受和自己从小在原生家庭的经历做了比较：

"对我的父母和三个哥哥而言，我永远是最小的一个，我的任何话都无足轻重。在很长一段时间中，我都认为问题出在我自己身上，但多亏了心理治疗，我开始意识到自己被困在家庭'监狱'之中。我的母亲一直要求我懂事乖巧，不许多嘴。我也一直像小时候一样害怕我的父亲，总是忍受着他的愤怒和威胁。在他面前我总是很顺从。我的父母是一对糟糕的夫妻，而我一直是他们的'人质'，是那个让他们能继续结盟的人。"

受家庭规则和"最小的孩子"这一角色束缚的贝亚特丽斯下定决心向父母表达不满。

"我知道在这个家庭中表达自己的感受是一个禁忌，但我别无选择。我需要肯定自己内心真实的想法，把自己定位为成年人，只有这样我才能获得自由。我没有指望父母做任何事，我完全想象不到他们（听到我的不满）的反应。我分别和母亲还有父亲说了这件事，他们的反应很强烈。两人都让我从家里滚出去，就这样拒绝了我，就好像我做了什么大逆不道的事。然而，我只不过用平静和尊重的措辞表达了对与家人的关系不平等的痛苦。"

贝亚特丽斯在断绝亲子关系后反倒如释重负。她在生活中找回了表达自我和实践自我的空间。但几个月后，她的女儿因为无法见到外公、外婆、舅舅、舅妈、表兄弟姐妹，而向她表示自己很难过。

"一开始，我没有理解女儿的意思。随后她向我透露，她在社交网络上看到我的父母把关系破裂的所有责任都归咎于我，还声称我不许孩子和家里的其他人联系。那一刻我才意识到还有一种无形的家庭功能在继续束缚着我。我像是一只替罪羊，让其他家庭成员之间的亲情纽带更紧密了。我的父母比以往任何时候都更团结，我的哥哥们也变得更加亲近。显然，选择和我断绝关系调节了他们之间的关系。我就是一只丑小鸭，一个恶人，而在这个家庭中，所谓的爱和默契才是主旋律。从那时起，我就和哥哥们讲清楚了情况，并欢迎侄子、侄女们放假来我家玩。就这样，我让大家都负起了责任。我决定和那些对彼此关系抱有期待的人培养更真实的情感纽带。如今，我生活得更加自由和快乐了。"

诚然，与父母（或孩子）断绝亲子关系并非一个好的解决办法——除去我们稍后讨论的极少数情况。精神病学家莫尼·埃尔卡伊姆解释说："最能体现个体差异性的，一定是和与我们不同的人建立同盟关系……"[51]家庭成员不压抑自己的真实感受，选择独立，寻求成年人与成年人之间更成熟、更融洽的关系，对许多家庭来说是巨大的挑战。有时候，由此产生的紧张冲突和失衡状态会导致亲子关系决裂。同时，家庭系统也会因为功能失调而自我封锁，从而拒绝任何新信息进入或驳回对原生家庭既定秩序的控诉和质疑。

家庭心理治疗师维琴尼亚·萨提亚提醒人们，人类对群居生活有看到、听到、感受和自由评判群体经历的需求。当然，家庭内部的交流是复杂的，但维琴尼亚·萨提亚坚持认为，交流者（自己）、交流对象（他人）和交流发生时所处的情形之间必须存在能够相互渗透的界限[52]。

思考纽带的脆弱性将人类重新置于每一种关系的核心。沟通是人与人之间充满能量的交流，而非人所扮演的角色之间的交流。因此，大多数时候，当个体所承担的功能受到干扰或被控诉时，纽带就会断裂。前父母通常很难接受亲职功能的结束，对扮演着孩子角色的前子女来说也是如此。

对父母的幻想

你只是童年、不久前的过去或现在与父母关系的产物吗？当然不是！难道你听不到"小精灵"对你轻声耳语："你不像任何其他的家庭成员，你是与众不同的？"[53]这个声音来自你的内在小孩，他不属于、从未属于、也永远不会属于你的父母。诗人哈利勒·纪伯伦（Khalil Gibran）曾作诗：

你的孩子，其实不是你的孩子。

他们是生命的儿女，是生命自身的渴求。

他们经你而来，却非因你而来。

他们在你身边，却并不属于你。[54]

美国心理学家詹姆斯·希尔曼（James Hillman）说："现代文明滋生了一种刻板的想法，认定孩子的命运依赖于父母和他们的行为。……人们不禁将个体灵魂想象为家族谱系之树中生长出来的一枝嫩芽。我们是他们心理状况的产物，如同我们是他们五脏六腑的产物。我们只是简单的心理寄生物。"[55]此外，他还补充："对父母的幻想在很大程度上执着于以下这种想法：我们面对的是单向的因果关系，从高到低，从体格最大到最小，从最年长到最年轻，从有经验的人到没有经验的人。"[56]

这种幻想使父母成为孩子未来所有幸福或不幸的根源，使个体的存在受制于仅由亲子关系塑造的纽带，否认了其他基本人际关系对个体的实质影响。但是，世界上没有宿命论，也不存在决定论。你的父母既不对你的不幸负责，也不对你的幸福负责。他们对自身的行为负责，就像你作为成年人要对自身的行为负责一样。对父母抱有幻想，会让父母的角色一直都不可撼动。因此，意识到父母的角色的任期是有限的这一事实，对转变前父母与前子女的关系来说有着积极的影响。你是时候摆脱对父母的幻想，将被困在过去有害的亲子关系中的自己解放出来了。

摆脱不合时宜的依恋

以下是另一项测试[①]，你可以拿着父母近期的照片参与其中（即使你的父母已经去世，此测试也仍然有效）。你最好为父母分别进行一次，可以在回答之前先朗读各项表述。

对以下内容进行判断，以摆脱不合时宜的依恋

以下共有 8 条表述，你如果基本同意某条表述的内容，就选择"是"，反之选择"否"。

表述	是	否
我不再幻想"小时候如果能有不一样的父母就好了"。		
我不再幻想从父母那里得到我小时候缺乏的东西（或我认为的合法权利）。		
我不再幻想父母总有一天会改变。		
我不再幻想父母能够治愈我的内在小孩并且修复对我的伤害。		
我不再认为父母／家庭是真爱的唯一来源。		

---

① 此测试引自我们的另一本书《内在小孩的仪式》（*Rituels de l'enfant intérieur*），测试内容稍有修改。——作者注

续表

表述	是	否
我不再认为父母仍是父母。既然我成年了，我就不再需要外在的父母了。他们的陪伴功能已经终结：他们是我的前父母。		
我不再认为自己拥有幸福的童年。我的童年既有黑暗也有光明。我小时候或内在小孩的痛苦是合理的。		
我不再认为自己应该偿还孩提时受到的照顾和爱。		

很多人都难以对以上大多数表述毫不犹豫地做出肯定的回答，这很正常。人们不可能像丢掉普通包装盒一样摆脱对父母的幻想。它就像第二天性，决定了成年人在面对父母时仍会保持着孩童的心态。个体必须养成"不服从"的意识，也就是改变"一个孩子一生都亏欠父母"的认知，以跨越处于支配位置的传统观念。

你并非你经历的一切所产生的结果。你相信或想象自己、他人和世界是什么样的，你就是什么样的。童年经历的表象之下埋藏着另一个故事，那里有被你遗忘的最初的自由、天赋和爱。

结束亲职功能会让个体重新获得关于人生履历的话语权，与其屈服于陈旧的家庭规则和社会规范，不如坚持同情、仁慈、愤怒、反抗等原则，你可以和善可亲，也可以愤怒，也可以不服从。亲职功能越强大，越被神圣化，个体就越难认识到家庭以外的社交圈对自我成长有着怎样持续性的影响。

詹姆斯·希尔曼的警告比以往的任何声音都响亮："亲子关系问题就像我们曾经一直半信半疑的生态灾难一样，如今已经近在眼前。亲子灾难就是坚决相信对父母的幻想，导致自己与世界隔绝，相信自己对家庭的责任重于对周围一切事情的责任。因此，对父母的幻想不仅损害自我意识，也会摧毁世界。在消除这种幻想之前，任何再好的意图都是白费力气。……因此，我们要先进行心理上的转变，纵身一跃，忘记家庭温暖的巢穴，拥抱这个世界。"[57]健康的前子女与前父母关系是可能存在的。它就在一扇门后，而每个人都拥有开启这扇门的钥匙。终结无所不能的亲职功能可以帮助成年后仍被当作孩童的前子女打开新的思路，重新找回自己人生的掌控权。

第二部分
做还是不做父母面前的
永恒小孩？

第四章

未曾消逝的过去

　　我们无法冷静地面对我们的过去，因为童年的焦虑在不断重现，这种焦虑使我们无法感知童年情感缺失造成的疼痛和创伤。童年情感缺失导致的副作用姗姗来迟，以一种被我们称为"成年人式儿童综合征"的病症表现出来。

——约翰·布拉德肖

永恒的适应小孩

被催眠的成年人

不知成年人和父母是否察觉到了，任何失调的亲子关系都基于同一点：成年人在面对父母时永远都表现得像一个小孩。这种相处模式会引起特定的感受和行为，干扰甚至妨害成年人之间健康的人际关系。

每个人的灵魂深处都藏着一个小孩，他处在被过去束缚的状态，如同受到催眠，使成年人无法好好看待自己过往的经历，也无法正确判断当下的处境。永恒的成年人式儿童（enfant-adulte）过的不是当下真实的生活，而是无法摆脱并时常想起的过去的生活[58]。如果你认识到亲子关系充斥着压抑的情感和未被消化的过往情景，你就更容易理解这种被称为"幼儿恍惚"（transe infantile）的现象为何反复出现了。

美国精神病学家巴塞尔·范德考克强调："每个人的人生都有艰难之处。但我们可以肯定的是，拥有情绪平稳、总是表扬孩子的性格和新发现、能好好照顾孩子并在人际关系上为孩子树立榜样的父母，对孩子成长为独立、自信的个体助益甚广。"[59]因此，在每个前子女身上，永恒小孩①（enfant éternel）［也被称为"适应小孩"（enfant adapté）］的影响大小首先取决于他与父母的原生关系的质量。如果这种关系得到了充分的滋养，那么前子女自然而然就能够获得力量，自由、自主、成熟地处理与前父母的关系。否则，前子女与前父母的关系就会彻底失调，难以维系。

你要明白的是，前子女与前父母的关系错综复杂。与适应小孩本身有关的人际关系问题可能涉及父母双方或只涉及其一，可能持续存在或间歇发生。通过阅读阿兰的个例，你会发现问题仅产生于某些特定的时期和背景下；所以，就算是暴风雨般的关系也有平静的阶段。那么，该如何判断前子女与前父母的关系是否失调了呢？

典型症状

前子女与前父母的关系受未曾消逝的过去支配，这段关系失调的特征之一是某些身心症状的持续和加剧。你在一段关系中遭遇困难时，最好把身体发出的信号当成警报。很多人不顾及自身真实的感受，不惜一切代价强忍着不适主动与他人进行互动。他们与自我斗争，说服

---

①　有些成年的子女会在父母面前呈现出"永恒小孩"的状态，当永恒小孩不想让他的父母生气或想讨好父母以自我保护时，他会采取一些适应性的策略，这时候他就是适应小孩。适应小孩是永恒小孩在特定情况下表现出来的一种状态。——编者注

自己相信这种"合理"的主动性。最常见的辩解理由是"无论如何他们都是我的父母/孩子"，就好像他们禁止自己承认与前父母/前子女处于痛苦的关系之中。每个成年人内心的适应小孩都会自欺欺人，并希望着至少有那么一次，情况会有所不同。

类似"他/她会改变的，会意识到……的"的幻想无处不在。但是，为什么你希望亲子关系能够奇迹般地发生变化呢？要知道，如果你在法国乘坐从巴黎到马赛的火车，你肯定会到达马赛。与之相似，基于功能、规则和固化交流的僵化关系总会孕育出相同的场景，尽管这些场景也许在细节上有区别，但这种关系是无法被彻底改变的。

有时候，生命中的不测（衰老、疾病、丧亲等）会将一切重新洗牌。两代人的关系会找到新的平衡点，但平衡并不必然等同于和谐。在拥护父母权威的阶段过去后，一些永恒小孩会转而折磨年迈的父母。这种以言语暴力和心理暴力形式呈现的报复尽管十分普遍，但并不能解决任何问题。痛苦和恐惧只会改变立场，绝不会化解那些被压抑的矛盾。

成长是通过分析父母（或孩子）的身心信号，下定决心克服面对他们时的那份不安与害怕而达成的。有害的内疚、情感缺失和耗能的依恋会提醒你，你与前父母/前子女的关系存在严重的功能失调。

有害的内疚

健康的内疚是良心的导师，可以让个体认识到自己的错误并更多地了解自身，同时也刺激个体采取行动、做出改变来捍卫自身价值和完整性。相反，有害的内疚是在你耳边低语的声音："你是错的。"在前子女与前父母的关系中，这种声音是一剂毒药。

最近，在一次心理咨询中，70 岁的阿兰讲述了自己遭受的有害内疚的影响。

阿兰：我刚刚对别人发火了。

治疗师：为什么？

阿兰：我不喜欢被道德说教。

治疗师：那你具体是在说哪件事呢？

阿兰：我最好的朋友告诉我，我所做的事情对我的女儿实际上没有任何帮助。

治疗师：你女儿多大了？

阿兰：45 岁。

治疗师：你的朋友说的是什么行为？

阿兰犹豫了一下：我给了我女儿 8 000 欧元。

治疗师:好的。(沉默)

阿兰:她已经好几个月没付房租了,我是她公寓的担保人。

治疗师:她为什么没付房租?

阿兰:为了一个什么课程。

治疗师:你之前知道她参加了那个课程吗?

阿兰:当然不知道。我知道的时候气疯了,但是我女儿跟我解释了所有事情,我就能理解了。

治疗师:你的朋友对这件事是怎么想的?

阿兰:她指责我女儿是白眼狼。我没法承认这一点!

治疗师:没法承认什么?你的女儿是白眼狼,还是你朋友的这个想法?(沉默)

阿兰:不管怎么样,我是她的父亲,我不会抛弃她的。

治疗师:你是否产生过在她童年的某个时候抛弃了她的感觉?

阿兰:是的。(沉默)我的女儿被邻居性虐待了好几年,直到很久以后我才知道这件事。那个混蛋早就死了。

治疗师:那时候你女儿多大?

阿兰:7岁到10岁吧,我觉得应该是的。

治疗师:关于这件事,你女儿有没有责怪你?

阿兰:她没有真的怪我。

治疗师:坦诚说,我认为你与你女儿的关系是失调的。你这么认为吗？

　　阿兰：我不知道自己还能做什么。

　　治疗师：如果你做得少一点呢？

　　阿兰：我害怕失去她。

　　治疗师：你刚说你女儿跟你解释了一切，你理解她几个月没付房租的做法。

　　阿兰：她告诉我这是我欠她的。

　　治疗师：这听上去像是变相的责备。你怎么看？

　　阿兰：最主要的是，我觉得我真的别无选择。更何况我还是她的父亲。

　　治疗师：你觉得你能补偿你的女儿吗？

　　阿兰：如果时光倒流，我愿意付出一切来阻止这些可怕的事情发生。

　　治疗师：我明白。（沉默）

　　随后，阿兰把话题转移到了生活的另一个领域。因为他目前几乎不可能在解决这个问题上取得进展。

　　有害的内疚会诱发使亲子关系僵化和极端化的行为。阿兰充满内疚感，这导致他沉溺在虚幻的"好父亲"角色中想要弥补女儿，自我安慰。他的女儿怨恨父亲没有保护她，并把愤怒和要求付诸行动。她不具备以成年人的方式承担责任的能力，也没有在此刻拾起拯救自己的内在小孩的责任。这种情况反而维护了某种平衡，使父亲和女儿得以逃避他们难以言说和释怀的痛苦。这段未曾消逝的过去显然影响着他们之间的关系。

　　有害的内疚同样普遍存在于前子女的心中。许多成年人逼自己接受在与前父母的关系中感受到的不满情绪。为了不使父母看到自己犯错或不使父母感觉受到背叛，他们表现得如同服从父母的永恒小孩。内疚是最容易被辨别的有害感受，也会伴随其他不同的感受出现。你是否对日常生活中可能出现过的以下声音感到熟悉？有害的羞耻感会对你低语："我有毛病，很坏，龌龊，可怕。"被抛弃感向你提出建议："我要让着别人。"自卑感不断攻击你："我一文不值。"无力感胁迫着你："我没有能力做……"

　　重新调整亲子关系绝非易事，每一种有害感受都会定期让你进入不健康的亲子关系的状态里，以避免这段关系的平衡受到任何挑战，尤其是当情感缺失折磨着前子女与前父母的时候。

情感缺失

　　情感缺失源于在生命早期建立的最重要的人际关系，也就是原生家庭关系。人们常常混淆"缺失"和"需求"这两个概念。缺失是曾经被迫放弃、未被满足的需求[60]。而死灰复燃的需求会让人感到痛苦的空虚，产生索取的欲望。许多前子女与前父母都或多或少地表达过内心的潜在要求，期望获得他们小时候不曾拥有过的那份父母的关爱。

30岁的托马斯就面对着这种情况，他从未得到过父亲的认可。我们在另一本书中强调过："被认可是一种人际关系需求，也是自尊的源泉。孩子希望被视为一个完整的人，一个活生生、有感知能力、有智慧面对周围一切的人。他希望受欢迎的是自己本身，而非其他人期待、希望或想象的样子。……如果你在童年渴望得到认可的需求未被好好满足，那么你就会在今后的人生中一刻不停地寻求关注和鼓励。适应小孩对被认可的渴望会迫使成年人采取痛苦而徒劳的策略。"[61]

在某场研讨会中，当对内心世界的观察①结束时，托马斯吐露了心声：

"我更加理解为什么我执着于送我父亲礼物，尽管他每次都轻蔑地拒绝。对我来说，这是引起他注意的一种方式，是要告诉他：'看看我，我爱你，我需要你的爱。'而他从来不送我任何东西。我还看到了我祖父在其中扮演的角色：他不认可自己的儿子，却大力支持我做任何事

---

①　我们在《内在小孩的仪式》一书中解释了何为"对内心世界进行观察"："将一个人的心理世界（内心场景）投射到三维空间中，以便让他更清楚地审视自己对过往经历的主观解读和这段经历附着的意义。通过让治疗小组的成员们当场演绎主人公内在自我的某些部分……这个人就可以充分呈现他的故事。"——作者注

情。因此,我对祖父和父亲怀有双重忠诚。面对父亲,我扮演的儿子角色强调我应该谴责他反复苛待'小托马斯'的行为。面对祖父,我永远怀着被爱弥补的错觉。我心里很清楚,我从祖父那里得到的一些爱原本并不属于我。我也背负着不属于我的愧疚感:我的两个长辈,父亲和祖父,他们都不是好父亲。我决心打破这些阻碍我发展职业生涯和维护恋爱关系的枷锁。我在谈恋爱以后,曾设法在伴侣身上找到'重视我的父亲'的影子。我知道这行不通。有那么一段时间,我相信自己对伴侣而言很重要,过了很久我才明白自己所做的一切努力都是白费力气。"

像托马斯一样,许多人在童年严重缺爱,在成年后饱受情感缺失之苦。情感缺失越严重,他们最亲近的人的责任就越大。哲学家、心理治疗师妮科尔·普里厄(Nicole Prieur)说过:"家庭纽带的特点之一并不在于'回馈'爱我们的人,而是爱我们的孩子。我们要先对未来负责。生命赋予我们最重要的任务是把爱传给后代,创造一个新的时代。"[62]

为了成长,所有的生命都有权利在他幼小时得到需要的关注、照顾和爱。有情感缺失经历的人不可能意识到这一点。他如果能意识到,也只能获得短暂的安慰——这可以成为重新调整关系的起点,但不能让伤口痊愈。了解受伤的内在小孩的过程虽然复杂而艰难,但家庭以外的人的理解和宽容会支持和促进这一过程。这样一来,情感缺乏带来的痛苦会慢慢消失，给合理的需求腾出空间，需求会渐渐得到满足。

而在功能失调的前子女与前父母关系中，个体需求会被否决，情感缺失总是支配一切，让父母等长辈占尽优势，苛求回报。

情感缺失会滋生两种不好的结果：要么对父母怀有无尽的亏欠感，要么向他们无度地索取关爱。前子女通常会加倍付出来取得他们之前应该得到的关爱，或单方面要求父母给予他们之前应该给予的关爱。已经长大的人不可能偿还他曾得到的东西或索要他本该得到的东西。人们无法修复过去的事情。妮科尔·普里厄提醒过，在前子女与前父母之间，"斤斤计较是亲子关系失调的开端。个体如果尝试判断和评估付出与得到的比重，就可能因此失去理智。家庭成员们不应该出现任何相互亏欠的感受"[63]。

情感缺失会导致家庭成员之间的支持功能僵化。简单来说，在一些家庭里，前父母似乎应该讨回之前所付出的一切，而前子女要全心全意地付出一切；而在另一些家庭里可能出现相反的情况，即前父母尽心尽力地付出全部，前子女心安理得地接受所有。这两种失调的关系源自一个引起了错觉的幻想：在童年的亲子关系中，孩子是得到了（或应该得到）一切的人——如果前父母并没有产生这种错觉，那么其一定会感到对孩子有所亏欠（或孩子对其有所亏欠）。于是，被遗忘和抹杀的童年痛苦就这样为功能失调的亲子关系所掩埋了。

痛苦不讲道理，让人不得不接受。唯一的疗愈方式是倾听并倾诉自己敏感而脆弱的孩子般的内心，这在于接受自己天生具有主观性的内在本质——它敏感、多情且富有想象力，对它的认可能够加强个体的完整性。不幸的是，在一段失调的关系中，内在小孩的痛苦并没有机会暴露出来，因为孩子面对父母时，适应小孩的生存和自我保护策略会掩饰这些痛苦，而匮乏的情感联结会让充满活力和感知力的亲子关系化为泡影。

耗能的依恋

40 岁的安妮–玛丽在治疗时提起她在面对父母时不愉快的感受：

"我当时并不明白发生在我身上的事。我和父母的关系是非常痛苦的。我最多只能跟他们相处两天，然后就得花一个星期平复心情。我那时候感觉很糟糕，筋疲力尽，非常沮丧。这也让我更加觉得我根本没有力气过自己的生活。我花了很多的精力寻找一份适合我的工作。我也感觉自己被困在了与丈夫和孩子的家庭生活中。我不能再这么持续下去了，于是就开始了内在小孩疗法的治疗过程。"

在几个月的跟踪治疗之后，安妮–玛丽成功地用语言描述了她与父母的关系：

"我意识到我不认可他们生活、思考和做事的方式。我很愤怒，但把这一切都埋在心里，这让我感到很压抑。我每次去他们家，就把自己放在一边，只为家人服务。我在妈妈的要求下买东西，跟他们一起吃饭，布置桌子，再把桌子收拾干净。事实上，我别无选择。我在面对爸爸的时候也同样百依百顺。我属于我的父母。我总是倾听他们，关注他们的生活，鼓励他们，满足他们的需求，回应他们的期待。我是安慰者，是照顾者。我控制自己的行为、言语、表情、外表……我一直活得小心翼翼。我扭曲自己就是为了讨好别人，为了不让别人失望。在我家里，我是某种和平氛围的守护者，在必要时交替扮演服务者或调解人的角色。无法做自己这件事让我感到非常累。最糟糕的是，我把责任完全归咎在自己身上。"

为了找到自我，安妮－玛丽决定实施一项有力的行动，改变她的生活并加速她重拾自主权的进程：

"为了打破'我的生命不属于我'这种想法，我跟父母讨论了这个话题。我告诉他们我需要时间找回自我，我会在这件事结束后再联系他们。我明确告诉他们，他们作为父母的职能到此为止了。这需要很大的勇气，但同时，我没有别的选择。我的生命力越来越弱，在生活的各个层面上我都走进了死胡同。然后，我经历了一次重生。我的心态转变加速了治疗过程。我能说清楚关于使我依附于父母的一切。现在，我能够像看待其他人一样看待我的前父母了，他们不完美，有优点也有缺点。我的人生和他们的不一样，这好多了。我感到获得了自由，也很快准备好与他们建立新的关系。"

亲情纽带并不是静态的。美国著名心理治疗师哈尔·斯通（Hall Stone）和西德拉·斯通（Sidra Stone）将人际关系视为一个有能量交换的过程，这个过程包含不同个体的能量场和不同大小的能量之间的相互作用[64]。能量在连接两个人之间的纽带中流动，因不同的身心感受而形成不同的交流状态。

和安妮-玛丽一样，有些人在与父母的关系中感到疲惫，或更糟的是，感到精疲力竭。其实，在任何一种人际关系中，个体都有可能产生这种感受。个体的能量场会通过身体的信号，来告知所处关系的真实本质。家庭关系通常基于自发产生的耗能互动。很重要的一点是，为了避免受到过去的关系模式的影响，个体要在家庭关系之中留下自由和选择的空间。

耗能的依恋几乎不可能用病理学方法诊断出来。更简单地说，它是未被改善的失调亲子关系导致的结果。暂时保持距离对重新调整亲子关系并避免彼此自发进行耗能互动有一定作用。我们可以将这视为一次珍贵的成年入门考试。在世界上大多数的文化传统中，人们会举行成人礼来庆祝青春期孩子脱离对父母的依赖关系。成人礼的普遍性证实了重新构建前子女与前父母之间的关系的必要性，只有重构关系，他们才能从过去的相处模式中脱离出来。

关于内在小孩

在探索前子女与前父母的关系时，我们会不可避免地面临内在小孩的问题。这个问题几乎和这个世界一样古老，它属于存在主义范畴，与"我是谁？"呼应，是每个人心中都会自问的问题。《圣经》提供了两个从表面看来似乎很矛盾的答案。《哥林多前书》（*Première Épître aux Corinthiens*）写道："我作孩子的时候，话语像孩子、心思像孩子、意念像孩子；既成了人，就把孩子的事丢弃了。"[65]《马太福音》（*Évangile de Matthieu*）有："我实在告诉你们，你们若不回转、变成小孩子的样式，断不得进天国。"[66]《圣经》中的这两个段落反映了成为成年人这件事的复杂性：最开始，人们会无法避免地脱离孩童的状态，只有重新唤醒内在小孩，让其与童年经历建立紧密的情感联结，人们才能培养出真实而成熟的自我。

在三十年的心理治疗实践中，我们已经将操作模式理论化，对适应小孩（面对父母时的永恒小孩）与内在小孩进行了区分。

适应小孩被困在过去并背负着情绪、感受、角色、信念和僵化的行为等重担，因此无休止地面对家庭功能失调和令人痛苦的场景，这一切使成年人陷入恐惧不安，使他对当下的事实和过往的经历感到混乱，进入被催眠的状态。他所保留的属于过去的孩子与成年人的关系损害了当下的成年人与成年人的关系。

适应小孩代表着内心受伤的部分，被困在生存和自我保护之中，任何情况或任何关系都会让他产生反应，想起过去使自己受到伤害的事情。他的策略——服从、回避、依赖、控制和掌控——旨在不惜一切代价避免陷入在童年感受到的痛苦、空虚和混乱。这些策略虽然让他在孩提时代得以生存，却在他成年后成为让他更加痛苦的枷锁。因此，过度适应的成年人会继续牺牲自己大部分的完整性来体验被爱和存在的感觉。这一运作机制产生的不幸与遥远过去的苦难重叠，如同一块无法被消化的奶油千层蛋糕。

这个隐形的小孩或多或少地存在于每个人身上，背负着未曾消逝的过去，事实上只不过是掩饰内在小孩的一个幌子。内在小孩以自然（保留天性的孩童）和受束缚（受伤的孩童）两种表现形式代表了真正的和本真的"我"，象征着人际关系需求等人类基本需求的创造性力量。内在小孩这种比喻在建立健康的前子女与前父母关系进程中发挥着主导作用，是与自己、自身人生经历和解的绝佳方式。

一个长期存在的误解是你要治愈内在小孩。你其实不是要治愈他，而是要修复与他的关系。你无法治愈自己的过去，但可以悉心照料自己与过去之间的关系。你内心脆弱的小孩——可能已经受伤——

是你人性的核心。这种现在的自己与被找到的过去的自己之间的亲密性促进了人际关系的丰富发展。社会心理学家雅克·萨洛梅（Jacques Salomé）在他的自传中总结道："我始终关注着住在自己身体里面的小孩。我会倾听他的需求，时刻关注他的问题，尊重他的存在，注意他的种种表现。"[67]

对内在小孩与适应小孩的表现进行区分，对个体成长、从过往的经历中获得自我解放、停止通过指责内在小孩进行自我攻击等方面来说，都是极其珍贵的学习过程。

停止指责内在小孩

如今仍然有些人认为是受伤的内在小孩干扰了他们成年后的生活，并把一切糟糕的情况和关系失调归咎于此。诸多问题的根源即便在于童年的情感缺失，也丝毫不能表明内在小孩是一切的成因。成年人的痛苦既来自对内在小孩的压抑和否定，也来自适应小孩对父母的幻想。孩子的合理感受如果既不被接受，也得不到共情、关怀和同情的回应，就会被封存在孩子的内心深处，等待着被发现、认可和释放。内在小孩的某些部分仿佛被困在漫长的寒冬中，期待着春天来临时再次长出新的枝芽。

还有些人一直把儿时遭受的苛待归咎于自己。在一次论坛中，一位男士分享了自己的亲身经历："我父亲在我小时候经常打我，但这是我的错，因为我以前很调皮，让人无法忍受，我真是一个不懂事的孩子。"一位参加过我们举办的讲座的女士分享说："我母亲在我小时候不太关心我。她有很多事情要做，但我小的时候很自私，不会为她着想。我没能给她足够的支持。"

孩子习惯根据他所接受的照顾和爱来隐藏自己的真实感受，以适应自身所处的成长环境中来自家庭、社会和文化的限制。随着时间推移，他建立起一个"生存自我"并削减"真实自我"。所以说，受伤的孩童和保留天性的孩童是内在小孩不可分割的两个方面。善用生存策略，是适应小孩的一大特点。大多数人会指责自己的内在小孩，并自认为这是在倾听和治愈自己，他们让内在小孩对自己的不幸感到愧疚，并为自己遭受的痛苦负责。这种心理源于人小时候的经历，例如父母或教导者曾打着"为了你好"的旗号有过不恰当的言行。否则，怎么会有人认为处罚、侮辱、中伤、贬低、无视、抛弃、轻视等行为有教育意义呢？

内在小孩这种说法的诞生与前几代人对孩子本性的描述密不可分。对童年经历长达几个世纪之久的历史研究让我们终于有机会直面隐藏在人类发展中的另一个事实：对孩子表达能力的压迫包含着对生命的压迫。孩子曾经是，现在仍然是身体暴力、情感暴力和心理暴力的受害者，被剥夺照顾和爱，被孤立和蔑视。成年后的个体如果继续谴责或否定自己的内在小孩，就等于默认了这个传统，削弱了自己天生的共情、爱和同情的能力。他会认为自己就应该是适应小孩，同时抗拒接受自己敏感又脆弱的那部分。

在我们的另一本书中，我们指出适应小孩"会愚弄和欺骗成年后的个体，将他置于迷雾之中，否认他的内在真相。……他不遗余力地向父母或父母的替代者索取他未曾得到的东西。他让自己相信，要被爱，就不应该做自己。……成年后的个体一旦为适应小孩留下巨大的发挥空间，就掉入了陷阱，不得不经历比最初试图避免的痛苦更巨大的痛苦"[68]。如果成年人忽视内在小孩，他内心的适应小孩就会向外发力，寻求生存，企图被欣赏、被认可、被爱护，通过重新激活过去的黑暗经历和依附过去的关系惯性的方式，向外在世界苦苦乞求关注。这就是为什么许多成年人会将自己置身于有害的人际关系之中，并反复陷入强烈的幼儿恍惚。

幼儿恍惚

什么是恍惚？

心理治疗师斯蒂芬·沃林斯基（Stephen Wolinsky）将"幼儿恍

惚"定义为"（幼儿恍惚）如同自我催眠状态。起初，恍惚是由个体与其他人（例如母亲、父亲、老师、老板、朋友、丈夫、妻子、孩子）的一系列互动引起的。当你还是一个孩子时，你创造了这种恍惚以保护或支撑自己，但后来它变成了一种面对其他人的自动保护机制并获得了控制身体的主动权"[69]。幼儿恍惚不仅仅涉及前子女与前父母的关系；根据我们的经验，前子女与前父母关系健康会大大降低恍惚出现的次数和强度。从某种程度上来说，前子女与前父母要摆脱幼儿恍惚这种自我催眠状态，就要自我觉醒并构建正确的关系。

斯蒂芬·沃林斯基补充说："恍惚与意识流有关，是一种停顿、扭曲和限制，让我们无法集中注意力。这会导致症候性意识，最常见的是陷入意识变窄或意识混乱这两种异常状态。要从幼儿恍惚中挣脱出来，就要从被紧缩或被压迫的自我催眠者转变为自由、开放的观察者和创造者，意识到自身的心理状态，积极在当下做出选择。"[70]

通过对适应小孩和内在小孩的研究，我们确定了一些可疑迹象，足以证明幼儿恍惚真实存在。

可疑迹象

我们归纳出了四种束缚认知能力的幼儿恍惚，并列举了一些常见的可疑迹象。这些可疑迹象虽然不详尽，但是足以揭示适应小孩自身的完整倾向。你会惊讶地发现幼儿恍惚竟是那么频繁发生的现象。它虽然不是用病理学方法得出的诊断结果，但的确是许多人在社交生活和职场领域中陷入困境的根源。

时间恍惚

时间恍惚的可疑迹象有以下几点。

- 做不到停留在此时此刻。
- 在父母、伴侣、朋友、老板或同事面前就像一个唯唯诺诺或非常叛逆的孩子。
- 会设想另一种很不一样的过去，或会设想未来能够修正过去。
- 总是生气，或从不生气。
- 总想报复，或总是抱怨。
- 对自己的行为和选择不负责。
- 不停地反复思索过去发生的事情。
- 完全不记得过去的事情，或连过去最微小的细节都记得清清楚楚。

时间恍惚会让个体沉溺于理想化的家庭图景并否认家庭的现实状况，使个体无法活在当下，并产生一种无法掌控自己人生的感觉。

身体恍惚

身体恍惚的可疑迹象有以下几点。

- 认为自己与"我"分离、分割。

- 不知道自己感受到了什么、在思考什么、想要什么、需要什么。

- 对身体的某些部位感到陌生。

- 看不到、听不到或感觉不到某些东西。

- 看到、听到或感觉到不存在的东西。

- 认为自己需要受苦，寻求痛苦的体验。

- 认为自己经常与身体分离。

- 一直都很焦虑。

- 经常不明原因地哭泣。

- 身体感到疼痛，但并非出于客观原因。

身体恍惚会导致躯体僵化和障碍，阻碍个体合理地回应基本的人际关系需求。

心理恍惚

心理恍惚的可疑迹象有以下几点。

- 希望不惜一切代价帮助、支持或治愈他人。

- 希望总能受到别人的照顾。

- 希望不惜一切代价为改变世界而战斗。

- 内心总有个声音指引自己应该怎么想、怎么感觉、怎么做。

- 总是解读他人的现况、行为和言语。

- 到处寻找迹象，并解读这些所谓的迹象。

- 寻求用快速、无痛解决人生难题的方法来指导生活。

- 相信他人会因为自己而改变。

- 被困在围绕他人的角色／职能中。

- 幻想成为另一个人。

- 完全认同另一个人。

- 认为自己很糟糕、不友好、有罪或可耻。

- 认为自己一直是一个好人，一个善良的人。

- 喜欢每个人。

- 感到仇恨。

- 不会为周遭的人或情况感动，或感到他／它们有关联。

心理恍惚迫使个体把很大一部分生命力和创造力用于服务他人，阻碍个体拥有独一无二的特别的人生。

精神恍惚
精神恍惚的可疑迹象有以下几点。

- 相信自己的想法可以创造出现实中不存在的东西。
- 相信只有"大师"或精神领袖才能引领自己走上心灵之路。自愿依附于支配精神世界的观念。
- 在生活中完全信赖哲学或宗教。
- 将物理现实和虚幻的想象(如仙女、精灵)放在同一个层面上看待。
- 认为灵修观点(类似"前世的行为导致了这样的后果")是合理的。
- 通过为暴力和不可接受的行为辩护(类似"我父亲虐待我但我的灵魂选择了经受此种经历")来赋予现实情况精神层面的意义。
- 给承受痛苦找看似更合理的理由(类似"因为生命需要磨炼,所以我才会患上癌症")。
- 轻易原谅他人。
- 认为自己处于无条件的爱之中。
- 相信有造物主。

精神恍惚会让个体产生幻觉,让个体无法接受人类、动物和植物等万物生命的脆弱性。

这些可疑迹象并不总是幼儿恍惚的症状,但通常与幼儿恍惚有一定程度的相关性。为了保护自己免于陷入痛苦、空虚和混乱,每个生命都以适合他的方式定义生命中的事件。空虚是在童年缺乏情感交流和人际交流的结果，而混乱本身是面对父母失职和家庭功能失调时的惶惶不安。因此，每个人都会或多或少强烈而规律性地陷入幼儿恍惚之中。

恍惚的运作机制

你可以通过减少或不再认同适应小孩过期的情绪、感受和行为来摆脱这种自我催眠状态。这一过程不是在等待痊愈，而是为了让你的内在获得受益一生的健康。某些情况会放大过去的模式并引起幼儿恍惚，这是再正常不过的事情，但每个人都可以更快速、更轻松地走出自己的恍惚状态。这是一段摆脱自我催眠状态的学习之路。

现在我们来阐述和评论一下几种主要的幼儿恍惚案例。

退行（La régression）

"在某个人面前或在特定情况下，我会退行至孩子的状态。我不再存在于此时此地，而回到了过去。"

30 多岁的泰奥在成长过程中不断寻求着他人的认可。小时候，他是同学们关注的焦点，得到了老师们的各种奖励。成年后，为了感到被爱，他不断地谈恋爱，用送礼物的方式来获得被他人爱慕的感觉。

在公司里，他是一名模范员工，永远微笑、礼貌、高效工作。但他在别人面前，尤其是在面对他的老板的时候，经常陷入退行的痛苦。他解释说：

　　"当我还是个孩子的时候，父母就不断告诫我：我必须献出自己，必须努力才能配得上爱和尊重。我只能为了别人抹杀掉自己。最近，我的老板总是让我加班到很晚。有一天晚上，我有一个重要的约会，我希望能早点下班。然而，当我的老板向我提出加班的要求时，我变回了8岁时的状态，我听到内心深处父亲的声音小声说：'泰奥，不要那么自私。有人需要你，你得知道如果想得到回报，就必须付出'。于是，我对老板低声说：'好，当然可以。'但同时我对自己厌恶到了极点。我感到自己很软弱，一点用都没有。"

　　过去的一系列事件困住了如今已经成年的你，而心理上的退行与之直接相关。告诉孩子必须取悦父母才配得上父母的爱会让他受到创伤，也是导致幼儿恍惚的主要原因。通过找回内在小孩，泰奥在面对让他沉默的父母时，得以重新产生一种合理的愤怒。这大大减少了出现他幼儿恍惚的次数。

未来投射（La futurisation）

"我通过想象最糟或最好的不切实际的理想化情况，把过去的事件

或情绪投射到未来。"

30 多岁的卓娅出生在一个有十二个孩子的普通家庭。整个童年，她都遭受着缺乏父母照顾的痛苦，除了大声尖叫着命令她，他们很少和她说话。没有人问她过得好不好。小时候，她常常整整几个小时都一个人待在角落里。她的父亲经常把她跟她的双胞胎兄弟做比较，贬低她。而成年后，卓娅变成了一个看上去十分自信的女性。她的学习成绩非常出色，但在某些情况下，她会非常焦虑，把事情想象成最坏的样子。她讲述了自己的经历：

"上周，一个同事忧心忡忡地告诉我公司可能裁员的传言。我感到一阵焦虑涌上心头。我听不见他说话了。他的声音对我来说好像很遥远。我开始想象自己会像一个无名小卒一样被赶走。我觉得自己如果丢掉这份工作，就没有能力再找到另一份工作，也无力支付房租。我仿佛看到了自己成了无家可归的人。我尝试着说服自己'现实不是这样的'，但什么都终结不了这个噩梦。我花了整整一个小时才冷静下来，重新评估现实状况。"

卓娅的未来投射是她在童年被忽视和被抛弃的处境导致的幻想出来的恐惧。她还没有成功摆脱痛苦的过去。从此以后，她学会了放慢呼吸，这是摆脱幼儿恍惚的极佳方法——斯蒂芬·沃林斯基曾证实"幼儿恍惚必然伴随着肌肉收缩和屏住呼吸这些生理反应"[71]。渐渐地，她学会用这些特别有效的话语安抚住了她的内在小孩:"一切都很好。我正活在当下。一切都结束了。你和我在一起很安全。"

解离（La dissociation）

"我切断与自己、他人的联系。我不再关注自己的需求、感受、身体变化和身体的某部位。我'不在那儿了'或成了另一个人。"

解离是为人所熟知的创伤后应激障碍症状。精神分析学家萨韦里奥·托马塞拉（Saverio Tomasella）指出:"有时候有意识的麻木会让个体与他所经历的事情分离，也就是与他的感受分离。这种保护模式被称为'解离'。它包括思想和感觉之间的分离，也包括当前情况和个体本身之间的分离。个体会因此感觉进入了自动运行模式，好像做出行动的并非真实的自己，正在发生的事情与他无关。他会自发地试图遵守那些社会规范和传统习俗。"[72]

有些人有时会感觉自己变成了自己的母亲或父亲。他们用行为或语言来表现得如同和自己的父母融为一体。这种解离恍惚——和父母融合的现象——在于披上另一个人的身份认同，在家庭环境中尤为显著。

内心独白（Le monologue intérieur）

"内心的声音强迫我接受'我'，并命令我应该如何感受情绪、表达观点或做事情。"

从出生起，孩子就会把父母的所有态度内化。随着长大，孩子又吸收了父母的信仰和想法，并服从养育指令。一个内心是永恒小孩的成年人，在脑海中永远以为自己面对的是父母。他遵守父母和家庭的规则，从不质疑。如果他没有自动执行指令，父母或长辈的声音就会出现在脑海中，要求他遵守指令。当内心的适应小孩要求前子女执行前父母的指令时，前子女就会感到既无法自由地接纳自身的真实感受，也无法做出忠于自己的选择。

幻觉（Les hallucinations）

"我的感觉会背叛我，让我看到、听到或感觉到现实中不存在的东西，或我不再看到、不再听到、不再感觉到现实中真正存在的东西。"

这些恍惚会扭曲现实情况，进而干扰人际关系。雷吉娜回忆说：

"多年来我一直都是幻觉的受害者。最开始，我认为是其他人的问题。我经常觉得别人在用眼神冒犯我。在我看来，他们热情的态度或仁慈的话语是装出来的。我能确定，他们是在取笑我。久而久之，我发现自己是在一次又一次地重新感受被母亲否定的滋味。我意识到自己在错误地解读所有非语言信号，这是一个既困难又漫长的过程。小时候，我的母亲尽管会对我说一些正面的话语，但总是用眼神表现出否定的态度。存在于我身上的这种持续性混淆早已破坏了我的人际关系。"

神化（La spiritualisation）

"我对自己、对他人或对生活的信念流露出无所不能的幻觉。"

神化是个体发展和精神领域中普遍存在的恍惚状态，是对具有所谓内在道德的信仰的求助。这种恍惚躲在暗处，通过使个体脱离真实的感受和生活经历来重塑个体的信念。神化使个体处于自我催眠状态之中：通过给个体以更高的目标，使个体脱离现实，来掩盖人生经历的混乱[73]。最常见的神化的观点是："宽恕他人""是灵魂选择了经历这样或那样的情况""赋予令你痛苦的事件以某种超凡的意义"。这类观点增强了人认为自己无所不能的幻觉。神化表现为以下类型的（内在或外在）独白：造物主、我的父母、我的治疗师或生活对我的考验其实都暗示着我的成长和某种伟大的目标；当情况变得过于混乱或令我感到痛苦时，我知道会有难以让我参透的方式把我引向最好的结果；我的善行或善意将在今生或来世得到回报，他人的恶行将受到惩罚，因为神圣的正义是存在的……

面对苦难时寻求幻觉的帮助，也就是寻求"上天的原因"或"上天的恩赐"的帮助，是一种责任感的丧失。更令人担忧的是，如果这些想法被"治疗师"或"心灵导师"传播，原本有沉溺于痛苦和处于困境的风险的人就会更加无助。

神化试图用此类魔法般的话语赋予毫无意义的事件以意义："一切

存在都是合理的，都有助于每个人完成他的人生使命。"人们怎么能够察觉不到这种说法蕴含的极端暴力呢？在面对曾经痛苦的经历时，正是当下给出的具体回应重新赋予了生命重大意义（并非绝对的和狭隘的意义）。将不可接受的行为或创伤事件定义为促进个体进步的源泉是特别严重的伪精神异常。神化会让人拒绝面对生命中本就存在的无意义和混乱。只有尊重生命的活力与感性，人们的精神世界才能够专注于寻求生命的本质[74]。真正的精神力量会鼓励人们在十分普通的人生中体验极致的快乐，既不高于人类，也不低于人类。

神化是一种扭曲的幼儿恍惚，使成年人在面对父母、生命时始终处于永恒小孩的状态。它常常隐藏着严重的童年创伤，并具有强烈的自我神秘化的作用。过去的痛苦经历从未逝去，只是被自身内部或外部的所谓魔力屏蔽了。

对成年人来说，幼儿恍惚是永恒小孩在面对父母时产生的状态。有些人从小就养成了强大的生存和自我保护策略，甚至将自己紧紧地封锁在其中。他们不知道，一个流泪的孩子——等待被拯救的内在小孩——仍然被放逐在他们心中。

生存和自我保护策略

不惜一切代价生存并保护自己

如何避免最糟糕的情况？如何防范最糟糕的情况卷土重来？这些是许多生存和自我保护行为背后隐藏的问题。萨韦里奥·托马塞拉解释："这意味着尽可能避免直接或间接地回忆起那些似乎无法处理的情况，因为记忆以为个体就是无法处理这些情况。渐渐地，思维回路会以一种预设模式，绕过那些心里害怕面对的现实，冻结一些能够减缓不安与害怕的可能性。"[75]

过去每一种未被消化的经历都会在我们的意识里留下印记，变成固化的信念，让我们服从"某种表述，例如'我是……'或'我不是……'，'我能……'或'我不能……'，'我应该……'或'我不应该……'。这些表述可能表现为对人生的一些普遍假设，与适应小孩过去的情感状态有一定的关系。当过去的情感状态在无数次的人生经历中被重启，个体就会感觉这些情绪都是真实的"[76]。然而，这些固化的信念只能为个体带来短暂的安全感和被保护的错觉。

大多数生存和自我保护策略都在人际关系层面运作。这提醒人们，只有满足特定的关系需求才能培养出健康的亲子关系，这些关系需求会强化亲情纽带，增强生命潜在的活力并提升个体价值感。关系需求一共分为以下七种 ①。

- 自我表达的需求：能够自在地表达自己的思想、言语和感受，不会被否认、被扭曲或被嘲笑。

- 被理解的需求：因为当下真实的自我而被理解，而非因为自己说了什么或没说什么，做了什么或没做什么。能感觉到自己表达的内容被很好地理解。

- 被认可的需求：因为自己以及自己所具备的优势和弱点被认可，而非根据他人的愿望、梦想或想象而被否定。能够感受到自己是因为原本的样子而被爱和被接受。

- 被肯定的需求：个体价值得到他人的认可和鼓励。因自己的行为而受到他人的肯定。

- 私密的需求：拥有摆脱他人目光的内在世界。给自己空间和时间，他人未经许可不得进入这个内在世界。

- 创造（和影响力）的需求：有能力自由地做出自己的选择，从而影响自己和周围的人的生活，并且不依赖他人的反馈。

---

① 此处引用了社会学家雅克·萨洛梅提出的术语。我们在《内在小孩解析》（*L'Oracle de l'enfant intérieur*）一书中对这些关系需求进行了深入探讨。——作者注

- 梦想（和期待）的需求：想象并相信自己有能力让自己和周围的
  人的生活变得更好。

　　如果孩子的亲子关系需求遭到粗暴对待，他就会过度适应，以免自己失去关注和爱。即使他的策略在短时间内奏效，他也会遭受根本性的挫败：合理需求没有被及时看到、被支持、被满足。在成长过程中，这些策略会变成一种惯性交流模式。某些情况还会放大一种或多种固化信念，自动触发一种或多种特定行为反应，以求不惜一切代价生存下来并保护自己。

　　内心是永恒小孩的成年人无法认清自身的亲子关系需求。他被封闭在自身的关系策略中，尝试得到自己不再相信会存在的东西。"当这个人要求得到自己其实并不相信可能存在的东西并最终得到时，他就会犹豫要不要相信这种可能性，然后进行测试，并最终以向他人展示这种东西实际上并不可能存在而结束。"[77]生存和自我保护策略是在构建一种身份，让人能够创造一副盔甲包裹自己以避免再次被伤害，能够自我保护并维持自己能够修复父母缺陷的幻想。

　　因此，许多个体会发展出针对人际关系问题的生存和自我保护策略。幼儿恍惚就是一种自我保护策略，其强度是衡量个体对自身适应小孩的认可程度的标准。个体固化的信念和行为存在于元策略之中，构建了永恒小孩面对父母时产生的适应性人格。

元策略

元策略（服从、回避、依赖、控制和掌控）分为不同类型的特定策略。我们提供了一系列测试，以评估你与父母当前的关系中的生存和自我保护元策略的强度。请你根据以下几个标准来衡量五项元策略中的每一项。

- 你在亲子关系中的行为表现。
- 你主要的想法。
- 你主要的情感顾虑。
- 你对亲子关系最主要的感受。

每个标准的分值从 1（完全不同意）到 6（完全同意）。在这一系列的自我评估结束时，你将在每项测试中获得 4 到 24 分，你的总分将在 20 到 120 分。

测试 1　服从

1. 我非常努力地和父母相处，不会惹他们不高兴或伤害他们。我努力表现得热情友好。我倾向于把他们的情绪和需求置于自己的情绪和需求之前。我给他们所有他们想要或需要的帮助。我完全服从。

完全不同意					完全同意
1	2	3	4	5	6

2. 我主要的想法是寻求和谐共处。过去的就过去了。我更想让自己行动起来确保一切都好。我不惜一切代价避免冲突。

完全不同意					完全同意
1	2	3	4	5	6

3. 我内心深处希望自己所做的一切和提供的帮助可以自然而然地得到认可。一想到我付出的爱和关怀被误解或被拒绝,我就很痛苦。

完全不同意					完全同意
1	2	3	4	5	6

4. 在与父母的关系中,我觉得筋疲力尽或感到失败。

完全不同意					完全同意
1	2	3	4	5	6

测试 2　回避

1. 我觉得和父母(或父母中的一方)很疏远。我不会在他们面前待太久,我宁愿自己走开。我回避任何过于深入、密切、严肃或不愉快的讨论。我不吐露自己的想法。我不会与他们分享我的大部分人生经历。

完全不同意					完全同意
1	2	3	4	5	6

2. 我主要的想法是寻求安静和孤独。我不喜欢与父母在情感上或身体上过于亲密。

完全不同意					完全同意
1	2	3	4	5	6

3. 我不喜欢被困在和父母一起参与的某种情境或活动中。我不喜欢被他们逼迫做或说一些我并不真正感兴趣的事情。在和他们的关系中，我比较小心谨慎。

完全不同意					完全同意
1	2	3	4	5	6

4. 在与父母的关系中，我感到不安全或无趣。

完全不同意					完全同意
1	2	3	4	5	6

测试 3　依赖

1. 我无法想象没有父母的生活。一想到他们不在了我就感到焦虑。我生活在（愿意生活在）他们附近。我的父母过去是、现在仍然是我生命中最重要的人。我们比任何人都更了解彼此，共同生活完全有利于我的幸福。我不会不征求他们的意见就擅自做重要的决定。

完全不同意					完全同意
1	2	3	4	5	6

2. 我主要的想法是属于这个家庭让我感到快乐。没有什么可以取代家庭在我心中的位置。它比任何东西都强大。知道我的父母总是在我身边让我很欣慰。只要想象父母去世,我就会感到难以忍受的焦虑或空虚。

完全不同意					完全同意
1	2	3	4	5	6

3. 我不愿离开父母太久。我喜欢自己像他们的感觉,也为他们为我为自豪而感到开心。每个家庭成员的存在都是必要的。

完全不同意					完全同意
1	2	3	4	5	6

4. 在与父母的关系中,我感到一种情感上的相互融合(或者相反,感到空虚)。

完全不同意					完全同意
1	2	3	4	5	6

测试 4　控制

1. 我谨记家庭生活中应当遵守的规则。父母教会了我许多美好的价值观，我一定要遵守它们，捍卫它们并延续它们。我有责任感。我是一个完美主义者。我喜欢把事情做好。我喜欢遵守秩序。

完全不同意					完全同意
1	2	3	4	5	6

2. 我主要的想法是尊重。家庭生活应该基于对长辈的尊重。我可以表现出不满但最终还是要听从长辈的意见。我不能随意地说或想任何事，必须遵守让我在社会中好好生存的准则和惯例。我必须控制和约束自己。

完全不同意					完全同意
1	2	3	4	5	6

3. 我不喜欢任何形式的不尊重和不礼貌。我不喜欢犯错或失误。我愿意做任何事情来提升自己，让自己感觉更优秀。我希望其他人也这样做。我需要掌控自己的生活和人际关系。

完全不同意					完全同意
1	2	3	4	5	6

4.在与父母的关系中，我有一种纪律感或责任感。

完全不同意					完全同意
1	2	3	4	5	6

测试 5　掌控

1.我厌烦父母。我和他们对着干。对他们的行为或他们看待世界的方式，我会直接（主动挑衅）或间接（被动挑衅）反叛。我会毫不犹豫地向他们展示或使他们觉得我才是对的。我可以或能够在很多方面指责他们，即使指责没有多大的用处。他们什么都不懂。我对他们的要求很高。我无法忍受他们随着年龄的增长而变得越来越脆弱。

完全不同意					完全同意
1	2	3	4	5	6

2.我主要的想法是充满力量。我有强烈维护自己的意图，不让任何人动我一根手指头，更不用说我的父母了。我有意志力。我知道我想要什么，也知道怎么得到它们。

完全不同意					完全同意
1	2	3	4	5	6

3.我不喜欢脆弱或被任何人或事伤害的感觉。我对善良或慷慨的

人持谨慎态度。生气对我来说是可以让我看起来更值得尊敬的状态。

完全不同意					完全同意
1	2	3	4	5	6

4.在与父母的关系中，我体验到了一种支配感或愤怒感。

完全不同意					完全同意
1	2	3	4	5	6

现在，我们建议你先计算每项测试的得分，然后再计算五项测试的总分。单项测试的分数如果等于或大于 12 分，就意味着你被困在这一元策略之中，与父母的关系毋庸置疑地出现了功能失调，也意味着部分的你被内心的适应小孩牵绊住了。有时候，多个元策略可以相互作用。你的总分如果等于或大于 48 分，就说明你经常以永恒小孩的行为模式与父母互动。

这些元策略并不局限于评估个体与父母的关系，也能显示"过度适应"这种人格的主要表征。你可以在这些测试中识别自己在家庭、友情、爱情或职场中采取的行为。总之，这些策略维持了一种个体在面对父母形象时会出现的不正常的依恋关系。

在有害感受（羞耻、内疚、被遗弃、自卑和无助）和错误信念的助长下，不管是从长期还是短期来看，生存和自我保护策略或多或少都会导致人际关系走向破裂。最常见的错误信念是："我不值得被爱""我必须配得上这份爱""我不应该做自己,而应该做他人期待的那个人""我不能使自己的感受、情绪和想法合理化""我无法实现自我,因为我的生命不属于自己"[78]。

尽管过度适应行为在一段时间内能够带来一定益处,但还是会使个体不可避免地陷入巨大的困境。抑郁、极度疲惫或其他病痛在一定程度上源于已经不适用的生存和自我保护策略。

38 岁的弗朗辛回忆起她痛苦的旅程:

"我人生最艰难的时期持续了好多年。我像一个小战士,坚信自己是坚不可摧的。这反而让我在工作中被击垮了。我受到上司的精神骚扰,直接让我患上了职业倦怠。然后我开始用内在小孩疗法进行心理治疗。头一年,在我作为受害者与受到的精神骚扰抗争的过程中,我的心理治疗师给了我很多支持。我当时筋疲力尽,花了两年时间才重新建立起自信和自尊。

"最痛苦的是,我意识到父母的教育在这段痛苦的旅程中所起到的作用。我从小就被教育要表现得像一个坚强的战士。父母在我心中塑造了一种我无坚不摧的幻觉。随着长大,我尽心尽力地成长为可以满足和取悦他们的那个样子。现在,我更了解自己了,这场漫长的噩梦已经结束了。我觉得'小弗朗辛'为了成为父母眼中理想的样子,受到了太多来自他们的干扰。"

与适应小孩和平共处

人生的轨迹诠释了生存和自我保护策略的构建过程及其必要性。尽管过度适应让人痛苦，但是将成年人封锁在孩童时的信念和行为中也表现出了内在小孩的适应能力和智慧，因为这让他得以生存。

心理学家让·皮亚杰认为，儿童的智力发展基于内化（吸收与近亲、社会、文化互动过程中产生的数据和经验）和适应（让个体适应外部世界）。适应就是调整个体的行为以适应新的环境。作为孩子，过度适应就是通过配合外部期望或要求来背叛一部分自我（目的是保护自我）。作为成年人，过度适应会让个体感到痛苦；然而，成年人完全有可能重新调整心理状态，以适应对个体内在更具尊重性的新信息。

每个人内心的永恒小孩并非敌人。他可以成为你的朋友，低声在你耳边告诉你是时候改变生活方式了。适应小孩的特征，比如幼儿恍惚、生存和自我保护策略提醒每个人履行自己的真正职责：拯救内在小孩。这意味着你要通过认识生命的敏感和脆弱，与自己建立新的关系——去对过往的经历负责，去与前子女或前父母建立基于真实自我的关系，一段健康且值得尊重的关系。这是最好的方式。

一个成年人如果在父母面前的大部分时间（而且通常并不为人

所发觉）都是永恒小孩，并发现自己受困于以下两种模式之一，即幼儿化的成年人（l'adulte infantilisé）或亲职化的成年人（l'adulte parentifié），那么他将在人际关系和生存方面遭受巨大的痛苦。

第五章

幼儿化的成年人

我们把圈住孩子的地方称为"家庭圈"。

——萧伯纳（George Bernard Shaw）

环形监狱

修剪家庭之树

一个家庭如同一棵美丽的树，每根树枝都在春天发芽。在冬末时，如果每根树枝上都有折断、枯萎或干瘪的小枝丫，那么这棵树在来年春天就不会再发芽——园丁比任何人都清楚这一点。萎缩的茎是长不出叶子、花朵和果实的。

心理治疗师就是家庭关系的园丁。他们建议修剪不合时宜的关系，重新引导树的浆液滋润新的、更有希望继续生长的枝条。孩子与父母的关系也许是充满情感暴力、令人痛苦的地带，但它同样充满给予每个人意料之外的表达机会和振奋人心的肯定的可能性，可能成为新的自由之地。

如果一棵树无人修剪，那么它之后会怎么样呢？随着不停生长，它的结构会变得难以辨认。树枝无序地生长，缠绕到一起；水、空气和阳光将无法自由流通；花朵和果实因此遭殃，树逐渐失去生机。修剪一棵树就需要想象这棵树被修剪后的样子，梦想一场丰收的来临。心理治疗师如同园丁，通过挖掘家庭关系中的创造性动力，为未来的丰收做预备工作。

有太多的家庭之树陷入了家庭关系和跨代际关系的封闭状态。精神病学家莫尼·埃尔卡伊姆指出，"家庭系统处于两种生命体之间，赋予两者紧密、互补的功能，并将它们封锁在病态循环中"[79]。幼儿化的成年人是不再为自己生长的树枝，他所有的生命力都用于为其他家庭成员输送浆液。他无法作为同时拥有生命力和创造力的人而存在。他就像住在一个环形监狱里，不由自主地在家庭系统这个封闭的圈子里打转。他与前父母的关系通常反映了他的父母或他父母的长辈未曾消逝的过去的嵌套。幼儿化的成年人是永远被关在隐形的环形监狱中的永恒小孩。

那么，成年人要如何打破这个诅咒，重新获得个体完整性和自由呢？下文中朱利安的亲身经历让我们对重建符合个人发展的内在成年人提出了深入且普遍存在的疑问。

"超龄孝子"现象

"超龄孝子"[①] 指完成学业后仍与父母住在一起的年轻人。在社会

---

① 这个称呼来自 2001 年上映的由埃蒂安·夏蒂利埃（Étienne Chatiliez）导演的喜剧《吾儿唐吉》(Tanguy)。影片讲述了在溺爱中长大的唐吉为了继续住在父母家中而与父母展开拉锯战的故事。——作者注

集体无意识中，它指半是孩子、半是成年人，无法变得独立和负责任的个体。在法国，2011 年，11.6% 的从 25 岁到 34 岁的人就处于这种状态。而在 2007 年，这一比例是 8%。"超龄孝子"似乎拒绝成为成年人，他希望尽可能长时间地享受父母在物质和经济上提供的舒适条件。在 2019 年上映的电影《唐吉归来》（*Tanguy, le Retour*）中，导演埃蒂安·夏蒂利埃讲述了另一个故事：一个成年人带着他的孩子回到父母家生活。但事实并不像电影所呈现的那样，这种情况不是成年子女选择的结果，而是由家庭功能失调导致的。

朱利安的故事揭示了这种情况的复杂性：

"我现在 50 多岁了。我 28 岁的时候从家里搬出来和我当时的女朋友一起住。之后我结婚了，二十年后又离了婚。现在，我是两个孩子的父亲。我无家可归也没有工作。回到我父母家里住是我唯一的选择。我就住在 15 岁的时候父亲为我整理出来的阁楼里。更糟糕的是，比我大 4 岁的姐姐再次失业，现在也回到了家里，和我一样住在她年少时父亲为她布置的卧室中。曾经，父亲大部分时间都在家里修修弄弄。他有一个工作间，还翻修过房子。"

当然，回到父母家里住通常是出于个人和经济原因，但人们也不应低估这一行为加剧家庭功能失调的程度。朱利安很快注意到了在这种退行状态下出现的困扰他的幼儿恍惚：

"重新搬回父母家里住，让我深刻地感受到自己的退行，就像退回了童年。实际上，我在这所房子里的时候，一直都有这种感觉，尤其是当我和母亲或姐姐谈话时。听到日常生活的声音，餐具碰撞的动静，有人挪动椅子，看电视，妈妈和姐姐的讨论和争执……这一切带领我返回童年，回到从前我不停答应父母要求的那段时光，他们通过每天的批评和指责让我明白他们想要一个乖巧的孩子。沉默的孩子不会反抗，尤其不会干扰他们，可以让他们成为人前被称赞的榜样。"

幼儿化的成年人并非希望尽可能长期从父母那里得到好处的"超龄孝子"。这只是一种迷惑人的假象罢了。和朱利安一样，许多人发现自己是困于过去的囚徒，并且过去似乎总是试图对他们加以指责。在这个例子中，一个核心问题摆在我们面前：这个家庭中有什么问题被忽视并且尚未被解决？

创伤事件

朱利安对重新掌控自己的生活这件事感到无能为力。这种夹杂着恐惧的无力感像毒药一样腐蚀着他：

"在这个家里，我感觉身体僵硬，我不敢做任何出于本能的动作，也不敢自由地谈论任何事情。我始终保持安静。我乖巧、听话、不制造出任何声音，害怕影响到家人，麻木的恐惧支配着我。我是不说话的孩子，觉得自己很多余，没有存在感，我的出现就让人厌烦。我感到被困住了，不能说话，不能动。我会花很长时间坐在书桌前，这是身处孤独之中的我的避难所。每次我都得付出巨大的努力才能回到外面的世界，重新建立与他人的联系，暴露在另一个未知、危险、令人焦虑的世界之中。在这个世界里，我对自己的存在感到羞耻，觉得没有任何属于自己的空间。"

　　幼儿化的成年人通常认为外面的世界很危险，而家庭会保护他免遭危险。朱利安清楚地知道和外界接触其实并没有那么可怕，但他觉得自己在家庭系统之外不会有任何立足之地，这种感受比任何感受都强烈。家庭就像"非场所"（non-place）一样，迫使他陷入极端的离群索居之中。在他的家庭中，所有人的沟通和社交都很匮乏，就好像某件不能公开谈论的事情冻结了一切：

　　"我避免和我的母亲还有姐姐有任何交集。我几乎不跟她们打招呼，也不跟她们碰面。我用耳机听音乐，挡住噪声，防止她们找我说话。我在家时，大部分时间都待在自己的房间里。这种气氛让我想起了19岁那年父亲自杀后发生的事情。我放学回家后不久发现了他。从那以后，一切都变得更加沉重，没有人提起他的自杀。"

在朱利安的人生历程中，父亲的自杀更像一个秘密。他会以解离的方式提起这件事——也就是说，当他提起这件事时，他会断开自己所有的感受，暂时放空。他的愤怒与悲伤都无法释放，只有各种形式的、无孔不入的恐惧和沮丧。

幼儿化的成年人是有情感障碍的人。他处在情绪监狱之中，将自己的情感囚禁起来，随之一起被压制的还有个体生命力最基本的部分。情绪压抑源于个体在人生历程中未得到解决的创伤事件。

情绪压抑

连接被阻断的情感是心理治疗成功的关键之一。幼儿化的成年人的情感牢笼削弱了个体天生的自我情绪调节的能力。过去未得到解决的事件会让个体卡在某个时间点动弹不得。

情感是在人体内展开的生物学机制，它们是情绪和感受的源泉。情感是生物性的，情绪是情感的外在表现，感受是心理性的。美国心理治疗师约翰·布拉德肖指出："没有情感，就没有情绪，就没有动机；换句话说，生命的引擎没有动力。"[80]

显然，朱利安当时缺乏掌控自己生活的动力。通过将他的反应与主要情感类型进行比较，我们可以观察到他有明确的情绪压抑。

八大情感类型

美国心理学家西尔万·汤姆金斯（Silvan Tomkins）使用两个词对每种情感进行描述，它们分别对应情感的两种极端状态：最温和、最剧烈。只有厌恶是仅用一个词描述的。

● 有趣/兴奋 ● 满意/愉快	● 惊讶/惊动	● 焦虑/痛苦 ● 害怕/恐惧 ● 愤怒/暴怒 ● 羞耻/屈辱 ● 厌恶
（汤姆金斯认为以上两种是积极情感）	（汤姆金斯认为以上这种是中性情感）	（汤姆金斯认为以上五种是负面情感）

朱利安的大部分行为，都是出于对成年生活应有的责任感以及对自己所向往的自由感到害怕或恐惧，而他表面上的冷漠掩盖着他的恐惧。但有时，对一个项目、一个想法或对特定讨论产生的强烈兴奋感也会冲击他的头脑。在这两种被压抑的情感（恐惧和兴奋）的影响之下，他失去了在生活中前进的能力。

当朱利安一步步地接触其他情绪，例如曾经 19 岁的少年面对父亲突然自杀而产生的愤怒或悲伤时，他看到了自己的进步：

"我尝试多出门参加户外活动，尽最大可能跟朋友来往，努力和内心的'小朱利安'保持联系。我试着安慰他，让他放心，让他在我与外界逐渐建立的新联系中感到被保护。而且，为了让他再也不会感到孤独或被遗弃，我现在正与他携手努力寻找一份工作，这样我就可以在社会上有立足之地。我感到自己可以掌控生活了，这是一种新的、震撼人心的感受。"

朱利安在情感上的进步为他打开了新的可能性，接下来要做的就是研究他在家庭系统中扮演的角色。幼儿化的成年人背负着无法承受的重担，类似于希腊神话中西西弗斯受到的惩罚。

西西弗斯神话

西西弗斯是希腊神话中埃俄罗斯和厄那瑞忒之子，科林斯城的创建者。宙斯看上了河神阿索波斯的女儿埃癸娜，想要占有她，于是化身雄鹰将她掳走。西西弗斯向河神透露了他被掳走的女儿的下落，用这些信息交换到了永不枯竭的水源。河神赶走宙斯，夺回了女儿。宙斯暴怒，派死神塔纳托斯去惩罚西西弗斯。然而，西西弗斯数次成功逃过厄运。由于藐视众神，西西弗斯最终被判决将一块巨石推至山顶，但巨石到达山顶后就会无情地再次滚下。每一次，西西弗斯都不得不再次下山，重复他徒劳无用的动作。这就是他受到的惩罚。

　　作家阿尔贝·加缪（Albert Camus）分析说："正是在这种回归、停顿之中，西西弗斯吸引了我。他那张受尽石头折磨的脸已经变成石头本身了！我看到这个男人迈着沉重而坚定的步伐向不知道何时结束的折磨前进。这个时刻就像呼吸，连同他的不幸一起，肯定会卷土重来，这是意识觉醒的时刻。在每一个这样的瞬间，无论是从山顶离开时，还是一点一点地深入众神的巢穴时，他都超越了自己的命运。他比他推动的石头更坚硬。"[81]此外，加缪补充道："西西弗斯告诉我们，最高的虔诚是否认诸神并且不断抬起巨石。……西西弗斯是幸福的。"让我们将话题转移到家庭功能失调。在家庭中，西西弗斯神话唤醒了个体对自由的向往，和个体通过反对家庭系统中的隐形期望来忠于自我的迫切需求。朱利安的故事呈现的困境包含另一个基本问题：我应该忠于谁，忠于什么？

　　精神病学家、家庭心理治疗师莫尼·埃尔卡伊姆确信："我们通常通过某种隐形的情感联结与父母绑在一起。例如，当我们有勇气比他们走得更远，或在他们失败的事情上取得成功时，我们就会产生背叛他们的感觉。但是，即使在这种情况下，意识到自己是彼此痛苦循环的相关者，也有助于我们勇敢尝试其他选择……"[82]要像西西弗斯一样，清楚认识到所属家庭的功能失调，就要在意识到自身处境的荒谬性后进入接受模式——接受不是顺从，而是改变的跳板。在这一刻，也唯有在这一刻，一场前所未有的运动会劈开有害的忠诚之石。

在一场治疗中，朱利安揭露了他与家人尤其是与父亲的病态约定。

病态约定

为了重获自由，朱利安提议让他的母亲和姐姐一起参加家庭心理治疗。她们最初接受了，随后又反悔。朱利安来到治疗室的时候十分愤怒。

朱利安：无论如何我都要继续我的新计划。

治疗师：什么计划？

朱利安：在奥弗涅买一个农场。

治疗师：为什么买呢？

朱利安：我不知道。我会拥有一个属于自己的落脚点，我可以把孩子接到我自己家而非父母家。

治疗师：你和你的孩子说过吗？

朱利安：说了。

治疗师：然后呢？

朱利安：他们不感兴趣。

治疗师：为什么？

朱利安：用他们自己的话来说，他们不想"隐居"。

治疗师：是啊，为什么是奥弗涅呢？

朱利安（沉默了一会儿）：我不知道。我父亲喜欢奥弗涅，那儿是他的故乡。

治疗师：这在我看来有点怪怪的。你的父亲定居在奥弗涅吗？

朱利安：没有，但这是他的梦想。他本来想接管家庭农场，但最后是他哥哥继承的。我父亲读了书，从事脑力劳动，但他总是后悔当初的选择。

治疗师：后悔到什么程度？他怎么表达他的后悔的呢？

朱利安：他恨他哥哥。他说他的父母夺走了他的农场。他放假的时候经常回去，但随之而来的是跟他哥哥没完没了地争吵。我父亲从来没有对家庭土地的管理方式表示过同意。他不停地告诉我，他比他的农民哥哥更了解如何管理这片土地。

治疗师：这些事跟他的自杀有什么关联吗？

朱利安显然因为这个问题感到非常尴尬和不安。他没说话，陷入了沉思。他最终回过神，情绪很激动。

朱利安：就在我父亲去世前两周，他让我和他一起去奥弗涅，但我不知道是去干什么。我那时候在准备考试。我像他一直要求的那样努力、认真地工作，但那一次，我的考试突然间对他来讲不重要了。我没去，他自己一个人去的。

治疗师：接下来发生了什么呢？

朱利安：他回来之后就自杀了。

治疗师：你想在奥弗涅买一个农场的愿望似乎反映了你对父亲的忠诚。你忠于什么呢？

朱利安：你的意思是说我忠于他未实现的理想。

治疗师：完全正确。

朱利安：我现在想起来了，他从奥弗涅打来了最后一通电话。他从来没有那样子说过话。我感受到了他对这片土地的热情，以及他想要与我分享这片土地的渴望。我相信到那次为止，我跟他进行的所有交流对他而言都是假的。他在用他自己都不相信的价值观教育我。

治疗师：事实上，我在思考这通电话对你的影响和他特殊的语气是怎样的。这通电话可能让你觉得你终于要见到你真正的父亲了，他躲在你在前面的治疗中经常提起的怨恨、抱怨和悲伤后面。（沉默。）

朱利安：但他已经死了。那次讨论之后他就自杀了。

治疗师：是这样的。他的死在你心里埋下了一个病态约定。

朱利安：我不管做什么，都无法挽回我父亲或他那没完成的计划。我把自己封闭起来，一直默默地想该如何修复他曾经受到的那些痛苦。

治疗师：我希望你把这个约定写下来——在发生了这些事之后，刻在你心里的那个约定。然后你要去墓地把它归还给你的父亲。接着你再写一次，跟他达成新的约定，在新的约定里，你要承认你父亲的心愿的合理性，尽管他已经无法实现这个心愿了。这样，你就会尊重每个人独一无二的具体的生活。你也要坦白地写出你自己的心愿，把它跟你父亲的心愿区分开。

像朱利安一样，幼儿化的成年人被毁灭性的忠诚支配。精神病学家卡特琳·迪科曼-纳吉（Catherine Ducommun-Nagy）如此解释："被伤害的人会要求补偿，并把期望寄托在他们的配偶和孩子身上，以纠正过去不公正的遭遇。配偶也许能够反抗这种期待，但因为孩子天生慷慨并且忠诚，所以他们往往倾向于满足遇到问题的父亲或母亲的需求。孩子通常是最具备利用空间的。在很多情况下，孩子的贡献不仅不会被承认，他还要被指责成麻烦制造者，甚至到头来还要遭受不公正的对待。"[83]

没有什么能比在死亡时或死亡前不久达成的（明确的或隐晦的）约定更能束缚住人。在这无比严肃的背景之下，活着的人似乎不能有任何反对意见。这份约定让铭刻在家庭之中的忠诚任务被永久化。毕竟，在将死之人面前被强行要求许下的承诺，真的很难让人违背。

对受父母权威约束的孩子来说，背负无形的债务会创造不真实的生活氛围。精神病学家威廉·赖希（Wilhelm Reich）如此解释："生活的不真实感会导致个体的无力感——我们无法掌控想象不到的事情。"

一个被迫幼儿化的成年人经常被指责不成熟。人们会批评他没有长大的意愿，行为表现得像孩子或青少年。综合来看，这些判断不完全正确。矛盾的地方在于，幼儿化的成年人虽然被给予了太多的关爱，但这些关爱其实很糟糕，让他承受着令人窒息的痛苦。

直到今天，朱利安仍在继续寻求自由，寻找掌控自己生活的能力。他还是希望后续能够与母亲和姐姐一起进行家庭心理治疗，驱散父亲自杀带来的影响。目前他正在参与心理咨询师培训，他对此十分感兴趣，这还能帮他打开新的职业领域。他表示自己已经放弃了在奥弗涅买农场的计划，而且正准备搬家，再也不会回父母家住了。

永恒小孩的依赖性

永恒小孩的依赖症状

幼儿化的成年人一直处于依赖父母的状态。这种永恒小孩的依赖性源于过去的各种情感缺失和未解决的问题。幼儿化的成年人一直处在不安的状态中。他的情绪、思想、行为和人际关系都受到焦虑型依恋关系的困扰，因此难以巩固和合理化他的人格或个体完整性。

以下测试将能帮助你识别自己是否可能存在依赖父亲或母亲（或

双方）的迹象。

永恒小孩的依赖症状

以下表格描述了 12 种症状，如果整体符合你的情况，请选择"是"，否则选"否"。

症状	是	否
我很难对自己的事情做出决定。我没有安全感而且感到焦虑。我犹豫、拖延，经常反复考虑我的决定。我求助父母，问他们的想法。		
我觉得自己很难承担起责任。我寻求父母的支持或将某些责任推卸给父母。		
我缺乏在父母面前表达意见的勇气，或者说我没有主见。我通过和父母的想法保持一致，获得他们的喜爱或认可。		
我很在乎父母的看法。他们的看法对我而言很重要，我倾向于向他们展示符合他们期待或在他们看来有价值的形象。		
一想到父母去世我就很焦虑；父母的去世让我陷入了长达数年的抑郁。我害怕被遗弃，变成独自一人。		
我情绪不稳定，无法成功建立一段恋爱关系。		
在与父母的关系中，我的情绪起伏非常大，会从一个极端走向另一个极端。		
缺乏父母爱我的证据让我感到焦虑、恐慌或大为恼火。我一直需要父母爱的动作、话语、证明。		

续表

症状	是	否
我经常感到令人痛苦的空虚或无聊，这使我逃避各种活动和人际关系。		
我经常觉得生活很混乱或毫无意义，这使我逃避各种活动和人际关系。		
我觉得自己很容易被操纵。我倾向于表现得友好，或想要通过忘记自我来取悦父母。我从不质疑他们的动机。		
我试图弄明白在与父母的关系中我是谁。		

你的答案如果有三到五个"是"，就表明你的内心依然是适应性的永恒小孩在做主，你的内在小孩需要更强大。如果超过六个"是"，那么就表明你对父母的依赖性很强。即使你没有意识到，这也会阻碍你完成某些事情。

如果不能认识到以下三种成年人幼儿化主要因素的有害之处，你就很难减轻或摆脱永恒小孩对父母的依赖。

成年人幼儿化的三种主要因素

在前子女与前父母的关系中，永恒小孩对父母的依赖源于以下三种因素的交互作用：权力、依赖和从属。

权力

父母对孩子保持俯视态度。他们总是代表着权威,强加给孩子不对等的等级关系。

42 岁的克里斯蒂安回忆起家庭聚会的情景:

"我的祖父表现得像一个真正的大家长。在家庭聚会中,他坐在桌子的尽头。他大部分时间都默默地看着我们。有人跟他讲话时,他只会回应他认为值得关注的话题。其他时候,他会不赞同地撇撇嘴让我们结束讨论,或微微一笑、轻微点头表示同意。他一直是这样,直到去世。直到他去世时,我才意识到他对所有人施加的权力。我的祖父让全家人感到恐惧,我的父母、叔叔和阿姨全都表现得像听话的小孩子。"

依赖

依赖有多种形式,可能是在情感、道德、智力、财务等方面把一个人和另一个人捆绑在一起。前子女的依赖形式取决于他的父母。父母常常展现出一种占有型依恋,在这种依恋关系中,父母掐灭了孩子的部分差异性以继续让自己好过一点。著名儿科医生弗朗索瓦丝·多尔托(Françoise Dolto)指出:"如果我们向父母展示他们的孩子的独特之处,他们的占有欲就会下降,他们会根据自己的样子和对孩子的期待,减少对孩子的评判,不再拿自己的样子跟下一代作比较,也不再把自己的期待加诸孩子。他们会更倾向于承认孩子有自身行事的缘由，并给他机会认识像他一样的人。"[84]

从属

前子女依然在生活的重要方面服从于父母的权威或依赖于他们给出的参考。

35 岁的让证明了他的父母在他生活里有种很微妙的支配权力：

"我的父母一直以来都会给我钱。因为他们有能力赚钱，我也从没有质疑过这种行为，对我来说也没什么不好。然而当我的两个儿子出生后，我开始对每个月得到的大额经济支持感到不自在。我觉得我没能力养我的孩子。离婚后，这种不自在的感觉更严重了。我的父母给了我更多钱，并在养育孩子这件事的方方面面逐渐取代我：他们去学校接孩子，给他们买衣服，等等。我随他们去，但这种情况让我感到压力越来越大。有两件事最终警醒了我：一是我的父亲表示可以支付我的孩子上学的所有费用；二是我的母亲甚至建议我'为了孩子'搬去和他们一起住。这太过火了。我结束了这一切。在心理治疗中，我思考着这种依赖性，把它和我对过去的一些经历的否认联系起来。父亲在我小时候经常打我，但我都当作没发生过。我从属于他们的主要方式就是沉默。我在父母面前一直保持沉默，坚信他们比我更成熟、更有责任感、更有能力。认识到我内心受到苛待的小孩后，整座谎言堆砌的'建筑'都倒塌了。"

亲职功能或亲子功能中的这些要素(权力、依赖和从属)对许多人来说都很正常,不会或几乎不会被质疑,然而,正是它们在父母与子女之间建立起了一种对双方都具有伤害性的不对等关系。

隐秘的服从

永恒小孩的依赖性本身源于拒绝(通常是无意识拒绝)放弃被神化的亲职功能,不愿面对自己孩提时的痛苦,也许因为这样做能让他们感觉舒坦一点。许多成年人隐秘地顺从着父母。他们没有察觉到这些习惯的危害,而这些习惯掩盖了他们把自己幼儿化的行为。有些人在与父母接触后会感到不适、紧张、疲劳或抑郁,却没有认识到其中的原因。

"你的父母不再是你的父母"这种想法,对幼儿化的成年人来说简直是天方夜谭。他不会推翻"父母在他之上"的原生家庭的既定秩序,永远认为父母行使在他身上的亲职功能是合理的,而且继续相信这件事好处多多。

童年的情感缺失和未解决的问题是前子女服从于前父母的根源。更具体地说,它们对刚刚成年的个体的分辨能力和判断能力具有至关重要的影响。二十多年来，孩子与父母在这个阶段的关系已经发生了许多天翻地覆的变化。年轻人独立于原生家庭的情况变得更加复杂。崭新的亲子关系轮廓已经浮现，但有时候会增加依赖或伪独立的风险。在这个阶段，前子女和前父母有时会把自己封闭在手风琴式的亲子关系中。

手风琴式的亲子关系

漫长而复杂的过渡期

离开父母的家——这是个体独立过程中的重要一步——似乎不再像以前那样可以彻底改变孩子与父母的关系了[85]。在法国，年轻人离开父母家的平均年龄为 23.6 岁[86]。但事实上，年轻人经常会因为个人生活和职业生涯中各种各样的变动（和恋人分手、工作变动等）反复回到或离开父母家。这种依赖状态和独立状态的交替是前子女和前父母之间手风琴式亲子关系的特征。

从青春期到成年是一个展现了许多传统价值观念的过渡阶段。心理学家及家庭心理治疗师塞巴斯蒂安·杜邦（Sébastien Dupont）提醒人们："现代社会和传统社会一样，成为父母仍然是获得成年人地位的主要门槛。他们按照血缘关系顺序重新排序：年轻的一代仍然是他们自己父母的孩子。但是，作为父母，他们又被赋予了亲子责任，让他们的孩子依赖于他们。正是在这个过渡阶段，亲职功能实现了代际传递。"[87] 将亲职功能和成年人的社会地位混为一谈，会提高子女对父母的依赖风险。这意味着一个人只有在有了孩子之后，才能变成真正的成年人。如今，男性和女性获得生育权的平均年龄为29.5岁[88]。在许多父母的脑海中，他们的孩子其实成年得越来越晚，甚至永不成年！

现在，年轻人的社会地位变得模糊不清——既不是孩子也不是成年人。这导致了一系列复杂情况，有的情况会持续数年。一些年轻的成年人：

- 由父母支付住宿费用或与其他家庭成员（祖父母、叔叔、阿姨、表亲等）同住；
- 或 / 以及一直居住在父母家里并且有性生活；
- 或 / 以及尽管已经工作了但在经济上仍依赖家庭。

这些矛盾的情况会一直让年轻人徘徊在独立与依赖的边缘，无法完成对成为成年人而言至关重要的自我分化过程。若家庭经常被视为一个遇到困难时能够撤退回去的安全空间，那么年轻人的独立人生就会开始得更晚。延长与父母居住在一起的时间，并不利于建立个人独立发展与原生家庭生活模式的界线。某些陈旧的家庭规训以及家庭仪式的持续存在，反而会使家庭成员之间的关系变质。

变质的关系

阿尔贝 58 岁了。他刚刚卖掉了一家蒸蒸日上的公司，并重新规划了自己的未来。他一直都忠于扎根于数代人心中的强大的家庭文化价值观，但现在他想为自己的生命寻求新的意义。他想开启另一项他更向往的事业，希望这样做可以给自己的人生注入新的动力。然而，他觉得自己被家庭状况束缚住了。他的两个孩子，玛农（29 岁）和洛朗（25 岁）在出国留学并各自开始职业生涯后，又回到家里和他一起住。直到阿尔贝充满压力的情况持续了两年之后，他们三个人才一起接受了家庭心理治疗。

在第一次治疗中，每个人都表达了自己的感受。

治疗师：阿尔贝，你为什么主动进行这项治疗？

父亲阿尔贝：我觉得我们住在一起并不正常。

治疗师：哪方面呢？

父亲阿尔贝：我生活在我的家里，却没有真正在自己家的感觉。我没有自己的空间，我没办法随心所欲地生活。我受到父亲角色的阻碍。

我因为做得不够多而感到内疚。

治疗师：为什么你认为你做得不够多？

父亲阿尔贝：我觉得自己搞砸了一些事。我希望我的孩子能够独立，靠自己的翅膀飞翔。我对于自己在这方面没有尽到责任而感到痛苦。（他的女儿玛农对最后这些话有所反应。）

治疗师：玛农，你有什么感受？

女儿玛农：我不认为这是父亲的错。自从和母亲离婚后，父亲一直在抚养我们。

治疗师：和父亲还有弟弟住在一起生活，你的感觉怎么样？

女儿玛农：非常糟。我肯定不想住在那儿。我19岁就离开父母去伦敦读书，22岁回到法国时，我搬去合租了，但我的工作一直没有起色。我是一名演员，为了能得到成功的机会，我觉得回到父亲那里住更好。

治疗师：你的不适感是怎么表现出来的呢？

女儿玛农：我感到压抑、沮丧。自从和父亲住在一起，我只是勉强活着，我感觉我快疯了。

治疗师：你的言辞很激烈。

女儿玛农：是的。（阿尔贝的脸越来越苍白。）

治疗师：你呢，洛朗，住在一起感觉如何？

儿子洛朗（他的理智态度与他父亲和姐姐逐渐激动的情绪形成了鲜

明对比）：我觉得很好。不管怎样，我在外面有自己的生活。我开了一家信息技术公司，只要有空，我就会和朋友出去玩。我经常不回家睡。

治疗师：你没有被你的姐姐影响吗？

儿子洛朗：没有。我不太了解她还在她的父亲家里做了些什么。

女儿玛农反驳：你倒是很轻松。我们公寓里的所有事情都是我在做——我洗衣服，我帮我的父亲买东西，我还要做饭。

儿子洛朗：但是我没有要求你做什么。

治疗师：玛农，你有没有注意到你说的是"我们的"公寓和"我的"父亲？

女儿玛农：没错，我意识到了我扮演的角色不对。有人说我在代替我母亲，但我实在没有办法。

治疗师：你呢，洛朗？你说的是"她的"父亲。

儿子洛朗：是的。

父亲阿尔贝（迅速插话）：洛朗只生活在他的房间或外面。他不跟我们说话。我对他的生活几乎一无所知。我只是在为他付钱。

儿子洛朗（针锋相对地回击）：你不能把我和玛农当成一回事。我才25岁，我仍然有权得到经济支持。

治疗师：你们能不能告诉我，你们住在一起的时候，在经济方面是怎么安排的？

父亲阿尔贝：我会满足孩子们的主要需求，比如住房、食物。他们的工资太少了，还不能够独自生活。

　　第一次治疗显示出玛农在这个家庭中背负着许多情感和劳动负担。阿尔贝支付日常开支的同时表达出深深的痛苦。这对父女之间的情感纽带很牢固，彼此都知道生活上的难处并且可以互相支持（经济上是父亲，情感上是女儿）。儿子的反应直接反映了父女之间的亲近。洛朗刻意让自己疏远家庭，却坚称他得到的经济支持是合理的。他们之间的交流显示出他们的关系已经变质，他们三个人都顺从了那个让彼此维持在高度依赖状态的家庭模式里。

区分亲子关系和情感纽带

　　到底该如何区分亲子关系和情感纽带呢？人际关系是人与人交流和互动的集合，它基于沟通，并涉及人的各个方面：价值观、想法、观点、感觉（情绪和感受）、愿望和需求。在人际关系里，个体的责任也很重要。每个人都可以选择让它存在，建设它，滋养它，让它发展，当然也可以不这么做。但人际关系仍然只是生命展现的冰山一角，其深处隐藏着复杂的情感纽带。

　　情感纽带是最先连接两个个体的桥梁。任何情感纽带都源于最初与母亲的依恋经验，然后是与父亲的依恋经验。这种纽带属于能量和情感范畴，通常会以安全的或焦虑的两种基础模式表现出来。纽带也是两个人之间的空间，是基于每个人携带的可能性或局限性而建立起来的。情感纽带的空间处于三种层面的交会点，分别是：个体的内在心理（l'intrapsychique），不同个体之间互动展现的相互主体性（l'intersubjectif）和在社会上展现的各种群体性（le groupal）。总之，情感纽带定义了个体在人际互动中要占据的地位以及占据方式，也规范了个体需要执行的职能以及如何执行。

　　家庭是人际关系和情感纽带拼凑的结果，是交流、角色和功能的集合。不惜一切代价都要组成家庭的想法会阻碍个体获得幸福和解放。阿尔贝和他的两个孩子将"形成一个家庭"视为基础价值，却造成了他们家庭生活的解体。

家庭生活的解体

　　家庭生活的解体的主要表现是一名或多名家庭成员感到痛苦。虽然前子女会在与前父母的关系中感到痛苦，但这种痛苦毕竟是有限的；与之相比，当前子女被要求必须服务于家庭时，前子女承受的痛苦要多得多。许多年轻人希望自己负责任、积极和独立的成年人的身份得到公认，但自发形成的情感纽带把他们拉回永恒小孩（或永恒少年）的状态。面对所谓的父母"恩赐"，他们一直都很被动。

　　家庭生活的解体反映出家庭成员难以改变他们在亲子关系中的表现。一些心理治疗师过分重视解决人际关系中的困难而没有对促进情感纽带的表现产生怀疑。在阿尔贝的家庭中,亲子关系经常被自发产生并对家庭系统固定规则做出回应的情感纽带支配。与父母的脱离和自我分化会促使情感纽带恢复灵活性。与自身的情感纽带越坚固,与父母自发产生的情感纽带就越脆弱,这是内在小孩疗法的基本目标。

　　面对家庭生活的解体,亲子关系的调整就显示出其必然性了。

亲子关系的调整的多元表现

　　家庭是个体不停相互作用的系统。该系统某一个体的改变会牵动系统的其他部分跟着改变。在实际状况中,许多进行家庭心理治疗的人或明或暗地向治疗师表达了他们的要求:"让治疗改变被认为存在或遭遇问题的那个人,但不要改变其他家庭成员。"治疗师必须警惕这一点,不能掉入先入为主的陷阱,不能认为其他家庭成员所指定的'有问题的个体'就是家庭问题的真正来源,否则,这个家庭将难以获得重新协商的机会。所以说,家庭内部的重新协商本质上是一件非常困难的事,它不会偏袒任何一个家庭成员,并且会重新启动在此之前一直潜伏的重要力量。家庭成员要同时承受家庭功能失调和尝试改变家庭陈旧运行方式所带来的痛苦。让所有家庭成员意识到转变已经开始,会给亲子关系的调整带来希望。

任何家庭问题都关系到多种因素。父母有时可能只扮演了次要角色，但他们的责任依旧是核心部分。在一个家庭中，每个家庭成员——首先是父母——都有责任破除自己和他人形象的神秘性。莫尼·埃尔卡伊姆肯定道："认识到父母的局限从来都不是一件容易的事，但往往正是以此为前提，一个人才能真正投身于个人领域之中。"[89]

阿尔贝、玛农显然受到了一起寻找一条出路的想法的鼓舞。第二次治疗收获颇丰。

治疗师：阿尔贝，玛农，我想再聊聊你们的关系。

父亲阿尔贝：可以。

治疗师：我观察到你们非常亲近，但同时，把你们连接在一起的情感纽带现在又让你们感到痛苦。阿尔贝，你很忧伤，而且你还感到内疚。

父亲阿尔贝：的确是这样。

治疗师：至于你，玛农，你很消沉，而且压抑得喘不过气。我注意到你觉得自己快疯了。在上次治疗中，我让你们注意过这个词的分量。

女儿玛农：是的，是这样。

治疗师：玛农，我建议你站起来正面对着你父亲。（阿尔贝也站起来走到他的女儿面前。玛农看上去很高兴。）

治疗师：玛农，我建议你进行一个小仪式。你拥抱你的父亲，跟他承担的父亲的功能说一句"永别了"。你要牢牢记住，现在你是一个成年人了，所以不再需要外部的父母了。

女儿玛农：明白。

当玛农那么做时，她的父亲泪流满面地倒在她的怀里。玛农扶住他，微笑着紧紧拥抱他。

治疗师：玛农，你正在做什么呢？

女儿玛农：我在让我父亲感到我爱他，感到一切都会好起来的。

治疗师：你小的时候，有没有感受过父亲的这种支持？

女儿玛农（松开她的父亲）：没有，没有真正感受过。

治疗师：阿尔贝，我一直在想你的内疚感。它有什么用呢？

父亲阿尔贝：我实在也不知道它有什么用。

女儿玛农本能地做出回应：为了让我保持依赖。在父亲的怀里，我内心的某一部分始终还是开心的，就好像感到了放心。然后你问我我在做什么，那时候我就觉得我内心的一个小女孩想要靠近她的父亲来得到爱。

治疗师：这种对"小玛农"而言缺席的爱将永远缺席。对此你能做什么呢，玛农？

女儿玛农：我必须认识到童年时我父亲的局限，然后继续过自己的生活。我身体里现在感受到什么就是什么。我觉得我的胸口有种舒畅的感觉。

父亲阿尔贝：我需要放下父亲的功能。这不会让我感到的爱产生丝毫改变，也不会因此改变我们的亲情或血缘关系。我觉得有必要在我们共同经历的事情上翻开新的一页了。

这次治疗再次揭示了幻想修复亲子关系的有害性。它就像强力胶水一样把人们和人们幻想中的固定角色牢牢地粘在一起。不称职的父亲阿尔贝想要弥补他的过失，而女儿玛农希望通过自己为父亲所做的一切来治愈内心的小女孩。为了宽慰那个曾经没有得到足够支持和爱的小女孩，她选择听爸爸的话。

对修复亲子关系的幻想基于理想化的父母和亲子形象，这些形象会扰乱个体边界。曾经在父母和孩子之间缺失的爱是永远不可能弥补的。任何亲子关系或情感纽带都无法重建未曾存在过的东西。因此，成年子女如果抱有修复这种亲子关系的幻想，就会让自己回到一种没有意义的依赖状态，或进入一种假性独立状态。

假性独立

在此次家庭心理治疗的第三个也是最后一个阶段，治疗师和这个家庭探讨了阿尔贝的儿子洛朗在这个自发形成的情感纽带团体中所扮演的角色。

　　治疗师：洛朗，你感觉怎么样？

　　儿子洛朗：我一直感觉挺好的。

　　治疗师：你对上一次的治疗，还有父亲和姐姐之间发生的事有什么感受呢？

　　儿子洛朗：我觉得这跟我没什么关系，但对他们来说很好。

　　治疗师：我发现你对你的父亲和姐姐非常忠诚。

　　儿子洛朗：当然不是。我不明白你为什么这么说。

　　治疗师：好吧，你不和你的父亲交流，也不帮你的姐姐做日常的家务。你就在角落里过自己的日子。我想知道这种态度有什么作用。

　　儿子洛朗：当然是变得越来越独立了。

　　治疗师：这起作用了吗？

　　儿子洛朗：我不知道，我还太年轻了。但是再过几年，我就有能力满足自己所有的需求了。

　　治疗师：在第一阶段的治疗中，你就捍卫了你"获得经济支持的权利"。

　　儿子洛朗：是的。

　　治疗师：阿尔贝，我建议你做一个练习。你能告诉你的儿子你要停止对他生活上的补贴吗？

父亲阿尔贝欣然接受这一提议：听着，洛朗，你要自己想办法了，我没多少钱了，而且我也得为自己想想。

儿子洛朗：我不相信。

治疗师：为什么？

儿子洛朗：就算他这么说了，但他还是我父亲，他应该给我经济支持。

治疗师：为什么？

儿子洛朗：我一直是按照他的期望去做的。我努力工作，像他一样开了自己的公司。不管怎么样，他不能像他的父母对他那样对我，让我自生自灭。

治疗师：阿尔贝，你是不是试图给你的孩子提供你的父母没有给过你的经济支持？这是你的亲职功能的一部分吗？

父亲阿尔贝：对，是这样的。我不想让我的孩子经历我经历过的那些困难。

治疗师：用精神病学家斯科特·派克（Scott Peck）的话来说："人生艰难。这话听上去可能是陈词滥调，却是一个伟大的真理，是最伟大的真理之一。这是因为一旦我们真正看到它，我们就能跨越它。"[90]

儿子洛朗：我不觉得人生艰难。

治疗师：你似乎在逃避家庭关系的问题。我有一个理论，你想听吗？

儿子洛朗：我愿意听听看，为什么不呢？

治疗师：我觉得你扮演着和你的姐姐相反的角色。你的假性独立跟你的姐姐和父亲之间的依赖情感纽带恰恰相反。你的职能是宽慰你的父亲，让他认为自己不算彻底失败。你也用"让自己消失"的方式宽慰姐姐，让她觉得她可以修复和父亲之间的关系。你的角色完全是通过把你自己置于失败的处境去维持一种平衡。其实你也被困住了。

儿子洛朗：那我应该怎么做呢？

治疗师：我想，你的心中已经有答案了，我相信你们三位现在都有办法重新调整你们的家庭了。

洛朗和他的姐姐的相反立场，揭示了幼儿化所产生的矛盾后果。一些幼儿化的成年人拒绝培养任何情感关系，包括与父母的关系。他们变得反依赖，并以中立或看似理性的距离掩饰自己的被抛弃感。他们将自己封闭在假性独立的状态之中。

出口

如何摆脱幼儿化的成年人的处境？人们应该承认的一点是，个体、群体和社会为了确保亲职功能的持久性和全能性催生了依赖关系。永恒父母需要永恒小孩，永恒小孩也需要永恒父母。

在这些自发产生的情感纽带中尝试解决过去的问题注定会失败。事实上，被严格的职能和角色束缚的个体根本无法获取大量资源，去体验既能独立自主又能与家庭成员结盟的快乐。这种相互依存的关系是很难建立的，它需要个体与个体维持一种良性的关系，能够承认彼此作为成年人的身份，并拥有区分、独立和肯定自我的能力。

对幼儿化的成年人而言，他幻想着自己能够修复过往的经历，这会激励他回到或反复来往于父母身边。刚刚成年的人或成年已久的人，有的带着伤痛生活，期望从父母那里得到认可或补偿。这种关系就像手风琴的褶皱一样，在依赖状态和假性独立状态之间来回拉扯。在不同的家庭中，这种关系的表现方式也不相同。

幼儿化的成年人通常有以下表现。

- 继续扮演完全合作和提供支持的孩子角色。
- 或／并且被动接受家庭的物质或财务支持。
- 或／并且向家庭索取认为自己应得的物质或财务支持。
- 或／并且与家庭成员合住但不与家庭成员维持关系并孤立自己。
- 或／并且拒绝父母的帮助并着急离开家庭住所。

独立是一个复杂而困难的过程，在很大程度上受到包括永恒债务等价值观念在内的等级关系的支配。各种（在财务、家庭、社会、教育、情感、职业、父母等层面的）规则通过塑造家庭成员之间的关系统治整个家庭。家庭规则如果不再尊重每个家庭成员的个体需求，就会对所有人产生不利的影响。

依据以下这些大致的原则，阿尔贝、玛农和洛朗成功地重新协商了家庭规则和个体界限[①]。

1.前父母对前子女的庇护设定一个合理期限。

这必须是共同商议的结果。双方一起决定前子女离开前父母家的日期。

2.起草一份涵盖双方目标和责任的财务协议。

心理学家塞巴斯蒂安·杜邦指出：“父母是否有能力对独立住房或继续学业进行资助，甚至对就业头几年的微薄工资进行补助，对年轻人融入社会具有决定性作用[91]。”我们还注意到，如果父母离婚或分居，刚成年的子女的自主能力就会更快速地发展。

3.尊重每个人的隐私需求并对共享时间达成一致。

---

① 此处受到盖瑞·查普曼（Gary Chapman）和罗斯·坎贝尔（Ross Campbell）的提议的启发。参见法雷尔出版社于2001年出版的盖瑞·查普曼和罗斯·坎贝尔的著作《成年子女的父母：在子女成年后，父母应扮演什么角色？》（*Parent d'enfants adultes. Quel rôle jouer après leur majo- rité?*）第76页。——作者注

在一段新的并且双方都是成年人的关系中，刚成年的子女的独立自主过程跟与前父母建立健康的关系并不冲突。

许多成年人在面对父母时会变成永恒小孩，即被内心的适应小孩掌控，这就好比一枚硬币：硬币的反面是幼儿化的成年人，他的行为看似很不成熟；硬币的正面是亲职化（parentification）的成年人，他看上去更有责任感、更像成年人。但就像幼儿化的成年人一样，这只是一种表象。两个面具都掩盖着一种真实的痛苦。

第六章

亲职化的成年人

当我们成为父亲或母亲的"父母"时，我们比以往任何时候都更容易忘记我们的内在小孩。这是对真实内心的彻底否认，使我们自己极度地缺乏关爱。因为亲子角色产生了递转：我们内心的适应小孩要满足父母的适应小孩提出的要求。

不可能的任务

从亲职化的小孩……

"亲职化"是精神病学家伊万·博索尔门伊－纳吉于 1973 年提出的概念。当子女不再被视为有孩子需求的小孩，而被视为有能力照顾失职父母的成年人时，亲职化 [①] 的功能随之产生。孩子受到"邀请"来弥补父母在童年未得到满足的情感需求。亲职化的代际维度依赖于明显具有牺牲性质的"义务"：一代又一代的孩子致力于治愈他们的父母。他们被有害的负罪感束缚，痛苦地相信自己的努力永远不够。因此，他们会调动一切资源来服务长辈，为了完成这项任务不惜将自己消耗殆尽。

亲职化的子女会发挥天生的同理心、协作性和爱的能力。将孩子与父母联系在一起的情感纽带隐藏着孩子对父母的关心，有时甚至是

[①]　我们选择通用术语"亲职化"来定义所有让孩子履行的不属于他们的职能，以满足不尊重其完整性的父母的期望的过程。一些作家对"亲职化"（父母要求孩子成为他们的合格父母并满足他们的需求）、"父母化"（父母要求孩子提供帮助，成为父母的助手）和"成年人化"（父母期望孩子尽快长大独立）进行了区分，参见斯蒂芬妮·哈克西（Stéphanie Haxhe）所著的 2013 年版《亲职化的孩子和他的家庭》（*L'Enfant parentifié et sa famille*）的第 164 页。本章节讨论了这些现象在孩子成年后给其带来的影响。——作者注

持续性的高度关注。孩子与父母有着永恒的情感联结，孩子强烈渴望父母是快乐的。在脆弱或有缺陷的环境之中，"孩子花时间试图拯救自己的生存基础：不惜一切代价维持本应对他们负责的人的良好状态，包括父母、养父母、其他家庭成员或任何第三方"[92]。

几个世纪以来，使这些小小的人类生命如此坚强同时又如此脆弱的各种因素，都被人们对儿童天性的无知和否认掩盖了。有些孩子与其说是厌倦了能力缺失的父母，不如说是厌倦了自己如此爱父母[93]。出于忠诚，即使面临不公，他们也不会拒绝满足父母的期望，并且绝口不提自己的指责和要求[94]。他们的言辞和行为都如同"大人"，通过模仿孩子本不该有的成熟和能力来获取重视。在"小大人"的面具之下，他们其实隐藏着深深的痛苦。

纵使成为成年人后，只要他们的父母状态不好，他们就无法感到安宁。等到他们自己成为父母时，他们就可能向自己的孩子索取补偿。

……到亲职化的成年人

家庭心理治疗师洛朗斯·齐默尔曼·凯尔施塔特（Laurence Zimmermann Kehlstadt）将亲职化定义为"成年子女与其父母之间的一种依赖纽带，通过这种纽带，父母能够感受到子女满足其情感和身体需求的责任感，就好像父母是子女的孩子，并且有时候他们在子女面前享有优先权"[95]。这种关系失调在大部分情况下是无意间产生的，成为许多健康问题（身心紊乱、恐惧症、焦虑症、抑郁症、过度警觉、容易疲惫、容易倦怠等）的根源，加重了患病风险。

　　亲职化的成年人的生活由内心的适应小孩主导。适应小孩使他们处于一种寻求他人满意的状态中。亲职化的成年人被认为是坚强的、负责任的、自主的，而且大多数时候是充满爱心的。在这个伟大的表象背后，有许多问题反映了他合理的个体需求与亲职化（把父母视为小孩）的强制要求的利益冲突。亲职化的成年人很难承认将他与父母联系在一起的纽带是有害的。洛朗斯·齐默尔曼·凯尔施塔特明确表示："大多数亲职化的成年人都没有意识到这种特殊的亲子关系所代表的异常情况。……他们没有衡量这对他们自身的生活造成的负面影响。"[96]

　　在会与他人产生帮助性关系的专业人员（医生、护士、治疗师、心理学家，等等）和高级管理人员中，有许多亲职化的成年人。此类人员向我们咨询的首要动机源自内心的呼唤：他们认识到自己小时候没有办法单单纯纯地当一个小孩，并因此承受着巨大的痛苦。这种痛苦时不时剧烈涌动，使他们陷入困境。它只需要敲敲门，就能使他们想起自己努力掩饰的孩子般的脆弱。他们对自己要求严格，总是满足他人的需求，却很少关心自己和内在小孩。

　　矛盾的是，隐藏在适应性极强的面具背后的，是亲职化的成年人对自己的贬低。洛朗斯·齐默尔曼·凯尔施塔特补充道："他们不仅从来没有真正地关注过自己，甚至尽管已经尽了最大努力履行好自己的使命，他们依然可能永远处于失败的境地，并在面对有问题的父母时无能为力。"[97]

他们身上所背负着的照顾父母的使命，自幼年起就注定失败，也使得实现他们自己的人生使命变得遥不可及。没有哪个孩子能够在不丧失自己的情况下成为父母的父母。他们先是亲职化的孩子，然后是亲职化的成年人，就这样被困在没有尽头的隧道中疯狂奔跑。

受亲情束缚的黑暗时期

安娜贝尔的故事反映了亲职化的成年人的症状。她经历了一段漫长而痛苦的时期：

"2013 年，我的生活坠入了黑暗的深渊。当时我 46 岁，我觉得自己终于到了可以关心自己的人生阶段。我感觉我在两个儿子的教育上投入了太多，同时也在夫妻关系上背负了太多。8 月，我的父亲打电话向我求助，他向我承认他在经济上很困难。以前我借过他一大笔钱，但他一直没有还给我。在那时，面对父母的处境，我感到非常焦虑，还有几乎不可能消失的不安全感。我预感到某种灾难即将到来……"

在家庭危机（父母分居、离婚、疾病、死亡等）期间，亲职化的程度往往会前所未有地高。亲职化的成年人会无意识地进入"战斗"模式，不惜一切代价想要稳住一切。

"我发现我的父母已经破产了，负债高达他们总资产的130%。我父亲还欠了他的朋友、兄弟姐妹、理疗师等人很多钱。我很快意识到这些灾难一样的事情占领了我的思绪，也使我没办法与丈夫交流。我感觉像在打仗，事态紧急，我陷入了一种永远在寻找解决办法的精神状态之中。我非常紧张，极度警惕。"

安娜贝尔对初露端倪的义务（孩子有义务帮助无力维持生计的父母）感到非常愤怒。她上大学时，父亲曾承诺会承担她读商学院的费用。紧接着他就反悔了。在她工作的前五年里，她每月必须偿还占工资30%的学生贷款。这段记忆让她深感不公。而她父母的过度负债，只不过是她愤怒的原因的冰山一角。

"在整理出一份过度负债文件后，我发现父亲有心理疾病，而且直到被我发现才确诊。他必须受到监护。这整个过程中，我的哥哥都没有出力，他只是打听打听情况。而我母亲则摆出一副'她不知道这件事'的姿态，指望我处理所有事。许多人夸我有奉献精神，说我的决定是爱家人的证明。我相信了他们，但我的身体开始感到疲惫，精神上也是。

我被困在一种艰难的情况里。我必须继续往前走，但我感到越来越被孤立。和父母在一起的时候，我感觉自己身处一个混乱、困顿的宇宙中，那里流淌着恶意的疯狂，随时都可能天旋地转，把我逼到跟他们一样疯癫的状态。回想起来，我发现自己当时已经披上了'拯救者的外衣'，而且我从小就对此习以为常。"

亲职化"经常受到可能从中受益的其他家庭成员的鼓励，而且出于同样的原因也受到医疗卫生工作者甚至社会的鼓励。某些文化确实更看重成年子女对父母的献身，更不用说做出牺牲了。当这种献身被认为是正常甚至是常见的，就阻碍了亲职化的成年人识别有害的依赖纽带"[98]。人们经常混淆困住亲职化的成年人的情感控制、正常的子女义务、家庭成员之间健康的相互支持。实际上，成年人对父母负责任的支持和帮助，应遵循以下几点。

- 被视为并被充分承认是子女向父母提供的一种服务，而非血缘义务。
- 与其他家庭成员共同承担。
- 根据实际情况决定是否由专业人员介入以维护前子女与前父母的关系。
- 对时间做出限制。
- 尊重每个人的需求和边界。

安娜贝尔仿佛被困在蜘蛛网里，越裹越紧：

"我陷入了一个在我看来违背万物自然秩序的世界：我已经成为父母的父母。我没准备这么做……我从没想过要这样！这种情况对我来说不公正，而且也是一种暴力和伤害。后来我母亲的身体变差了，让我不得不承认一个我一直逃避的事实：我的母亲是一个酒鬼。这对我来说是一个打击。我被当时的情况吓呆了，不知所措。我试过跟她聊这个事情，提出让她去看医生，但她全盘否认，还使用语言暴力，甚至用自杀威胁我。"

在许多家庭中，促进子女亲职化的情况可能持续到子女成年[99]。

- 移民：父母因无法融入当地社会而委托子女代办一些事务。
- 父母双方分居、离婚或发生冲突：子女扮演仲裁者或调解者的角色。
- 单亲家庭或父母一方早逝：子女扶养单亲父母。
- 父母或兄弟姐妹中，有人患有身体或心理疾病：子女自觉弥补或自行消失，不过问也不打扰他们。
- 父母一方有成瘾症。有关酗酒，心理治疗师苏珊·福沃德（Susan Forward）曾说："它就像养在客厅中央的一只恐龙。对外人而言，他们不可能无视这只恐龙，但对住在家里的人而言，他们也不可能猎杀这个怪物；所以他们被迫假装怪物不在那里，这是与之共存的唯一方式。在这些家庭中，谎言、借口或隐瞒不断产生，导致子女的情绪极度紊乱。"[100]

● 在一群兄弟姐妹中处于长子或长女的位置：子女通过帮助父母扶养他的弟弟、妹妹而成为父母的替代者。

有时，有些人，比如安娜贝尔，在童年受到了多种有利于亲职化的因素的综合影响。

通过EMDR疗法① 和基于"小孩之心"（Cœur d'enfant）理论② 的内在小孩疗法，安娜贝尔终于走出了人生的困境。她逐渐学会在面对父母时重新进行自我定位，让自己处在更公平的位置，即成为辅助父母的角色而非他们的拯救者。

成年人亲职化还可能导致各种在友情、爱情或职业关系中的功能失调。这不仅仅是个体和家庭的功能失调，也是公共卫生问题。根据目前的统计数据估计，在法国，有1 100万家庭护理人员（aidants familiaux）③，即约六分之一的法国人，要照顾因年龄、疾病或残疾而

---

① EMDR疗法由美国心理学家弗朗辛·夏皮罗（Francine Shapiro）于1987年创立。——作者注

② 我们于1990年创立了"小孩之心"理论。——作者注

③ 家庭护理人员是以非专业人员身份，定期或频繁对亲人日常生活中全部或部分的行为或活动提供帮助的人。——作者注

依赖他人生活的亲人[①]。身体疲劳、心理脆弱、社交匮乏和经济困难等问题的积累，解释了为什么31%的家庭护理人员表示他们忽视了自己的健康，其中38%的人感到压力大和焦虑，32%的人出现睡眠问题，30%的人在忍受身体疼痛[101]。而大多数家庭护理人员都是亲职化的成年人。

隐藏在负责任和充满爱心的成年人的子女义务背后的情感纽带是有害的，承认这件事并不愉快。成年人在认同亲职化功能[②]（La fonction parentifiante）并把这视为一项崇高任务时，也是在回避自己的真实感受。他的内在小孩透过他的身体发出尖叫，但他置若罔闻。他宁愿与自己斗争，也不愿接受自己的脆弱。要有极大的勇气、足够的谦逊和自我同情才能认识到内心的适应小孩是在承担一项不可能完成的任务。

---

① 关于此主题，可参阅2017年4月的《法国护理人员关键数据》（*Les chiffres-clés sur les aidants en France*）调查。——作者注

② 注意区分"亲职化功能"与"亲职功能"的概念：亲职功能指父母行使自己的角色职责以养育子女，而亲职化功能指成年后的子女在父母面前行使亲职功能，反过来充当父母的身份，照顾自己的父母。——译者注

永恒小孩的多面性

是谁在主导我的行为？

一个人越能意识到自己内心的适应小孩，就越有可能调节自身的行为。他有能力回答构建他的自由之基的首个基本问题："是谁在主导我的行为？"

适应小孩具有多面性。当永恒小孩认为自己所信所为的唯一功能就是服务于父母时，他就会主导成年人的行为。不仅仅是前子女与前父母的关系，任何类型的关系都会受到这种适应性人格和亲职化功能的影响。以下是成年人内心永恒小孩的几种不同类型。

决策者

他被引导对父母的生活行使权力，代替他们做出选择。这一定位可以被视为一项沉重的义务，也可以被当作推翻旧的等级关系的机会。于是，前子女占上风并"利用"前父母的脆弱性，让前父母常常在不知不觉中为前子女小时候所遭受的痛苦付出代价。

保护者

他把保护父母作为自己的使命。成年后，前子女会提供自己在童年时没有享受过的保护来维持虚幻的安全感。这种态度会使前父母变得幼儿化。

50 多岁的埃丽卡说了以下事情：

"在我小的时候，我的母亲强加给我一个保护者的角色来躲避我父亲的暴力行为。很长时间以来，我都过着双重生活，一边面对着好人母亲，一边面对着坏人父亲。在我的职业、友谊和爱情中，也是要么是黑，要么是白。这让我想到我的母亲，她向我索取一切，却没有满足我作为孩子的任何需求。最后，我母亲的行为变得比我父亲更加暴力和令人不安。

通过用内在小孩疗法治疗，我重新发现自己是一个充满活力、健谈、爱笑、爱玩、顽皮、淘气的小女孩。我再次感受到了小时候不允许发脾气的沮丧，因为父母认为那是任性的表现。我那时候感到非常孤独，觉得被抛弃在恐惧和不安全的气氛中。我害怕父亲对我和弟弟还有母亲施暴。如今，通过治疗，我努力寻找真正的自己和曾经被我完全抛在一边，让我不知道自己是谁、想要什么的一切。现在，我的人际关系更加稳定，我也接受了自己的特别。"

调停者

他是家庭和谐的守护者，也是父母之间的缓冲者。作为一个成年人，他并没有找到自己真正的定位，而只存在于人际关系的空隙之中。他宁愿自己付出努力，不愿请求他人帮助。他无法忍受任何的冲突，即便是人与人之间良性的摩擦，对他来说都是一种暴力。

操控者

他把自己的想法、感受和选择强加给他人。对他来说，对方只是自己的延伸。他重现了自己小时候处在对父母过度依恋的情感纽带中的经历。

知己／伙伴

他力图成为父母的"一切"，成为倾听和理解的耳朵。这一定位暗藏乱伦的可能性[①]：子女，随后是前子女，听到父母内心的坦白。有时他会变成父母的"伴侣"。妮科尔吐露：

"我一直和母亲生活在一起。今年我 65 岁了，终于结束了作为数学老师的职业生涯，步入退休生活。母亲是我生命中唯一重要的人。我们

---

① 我们使用"incestuel"（乱伦）一词来形容个人经历性唤起（évocation sexualisée）但没有行动途径，对所处位置和界限存在深刻困惑的情况。这是一种道德上的伦理混乱。"主体无法认知身份，经历了自我的去人格化和瓦解。"保罗－科洛德·拉卡米耶在《乱伦与乱伦者》（*L'Inceste et l'Incestuel*）一书中如是说。——作者注

一直彼此陪伴，我无法想象还会有更好的生活。有时我会因为生活中缺少男人而觉得恋爱情感缺失，但我也习惯了。人生就是这样，我们不可能拥有一切。"

照料者

正如这个名字所显示的，他的存在是为了照顾父母。他总是非常主观地担心父母的健康，常因为父母最轻微的小毛病就显得很焦虑，这是亲职化的明显症状。这种成年人通常从事具有帮助性关系的职业。心理学家斯蒂芬妮·哈克西指出："归根结底，照料者子女这一类型最容易被识别，这就是为什么亲职化通常被简化为这一单一功能。这也可能说明相较于其他类型的亲职化，父母的需求更易于被察觉，或照顾父母更能凸显子女在亲子关系中的责任，无论原因是什么（精神疾病、残疾或其他）。"[102]

替罪羊

这是另一种形式的亲职化。替罪羊子女"是以个体名义承担集体责任的人。他被迫不公正地为别人的重担或过错承担责任"[103]。他的父母"通常在他们自己的童年或人际关系里严重缺乏信任。通过对孩子寄予不切实际的期望，他们再次信任这个世界并试图弥补那些被别人所破坏的部分，但最终失败"[104]。根据我们的经验，替罪羊子女的父母往往遭受过极端的暴力行为，例如性虐待、身体或精神虐待。这样的父母会无意识地期望孩子可以抹去自己遭受的所有痛苦。这种关系的破坏性巨大。替罪羊子女尽一切努力减轻父母背负的过去的重担，却要遭受父母的斥责，承受父母发泄在自己身上的愤怒、仇恨和暴力。

完美者

他扮演着父母的理想中甚至梦想中的孩子。他永远忍受一切、无坚不摧，满足父母所有的期待和希望。精神病学家伊万·博索尔门伊-纳吉阐明了亲职化的条件之一："孩子必须首先转变为父母想象中的成年人。"[105] 促亲职化的父母否认他们自己的童年经历，是不成熟的人。他们想要得到在童年未曾得到过或过早失去的东西，并且通常无法感知和识别自己的情绪和需求。促亲职化的父母希望与孩子建立一种理想的关系，却不曾考虑孩子的个体完整性，他们和亲职化的前子女形成了共振系统，这意味着一方的感受与感知，对另一方是一种有目的性的企图。因此，要走出这种可怕的循环是一个十分复杂的过程。

现在，让我们来了解一下促亲职化的三种因素。

促亲职化的三种因素

在前子女与前父母的关系中，亲职化是三种因素之间相互作用所产生的有害产物：情感控制、假性满足和自以为无所不能。

情感控制

情感控制是反向依恋的结果，父母在孩子身上看到的形象令其感到安心且有价值，值得他们依靠，也就是说孩子给予了父母安全感和信任感。这项责任通常会落在兄弟姐妹中最有同情心并且最在乎别人感受的人身上。亲职化的成年人觉得自己如同被抛弃的孩子，但他们会压抑这种痛苦的感受，因为不仅他们的正当需求得不到满足，他们对父母的爱也会被父母利用。对这一点，爱丽丝·米勒引用了阿尔封斯·都德（Alphonse Daudet）的《磨坊文札》（*Lettres de mon Moulin*）中的一个故事："从前，有一个孩子，他拥有一颗金脑袋。父母偶然发现孩子的头受伤时，流的不是血，而是金子。……男孩长大后，想去更广阔的世界看看，他的母亲就对他说：'我们为你付出了那么多，你的财富也该有我们的一份。'男孩就从脑袋上扯下一大块金子，交给了母亲。"[106] 亲职化的成年人必须用自己生命的一部分偿还在父母那里欠下的债务。这里的"黄金"就是名正言顺要求孩子服务父母，进而绑架孩子财富的一种形式。

假性满足

大量亲职化的成年人因为假性满足变得顺从。洛朗斯·齐默尔曼·凯尔施塔特指出："的确，子女在孩童时期以及成年后无视自己作为受剥削儿童的处境和被利用的那些情况，部分原因可能是他们假性地认为自己具备成年人处事的能力，这种认知偏差对子女在成年后继续维持亲职化功能非常有利。"[107]我们已经指出，这一功能普遍被社会大众所看重，并鼓励亲职化的成年人巩固理想化的完美自我形象。著名精神病学家荣格提醒："这不是一个达到完美标准的问题，而是整体性的问题。"[108]荣格坚持强调成年人以正常的状态生活而不进行自我伤害的重要性。然而，亲职化的成年人想要做一个"好"人，而非一个"完整"的人。他无意识地同意自我伤害，自愿交出一部分"金脑袋"。

自以为无所不能

对亲职化的成年人来说，父母在他们小时候提出的那些严格要求，让他们滋生了一种认为自己无所不能的感觉。通过压抑自己的真实感受——以免拒绝或伤害父母——亲职化的成年人戴上了一副完美的面具。他们的真实自我沉默地隐藏在面具后面，以顺应父母去完成那些不可能的任务。爱丽丝·米勒补充道："事实上，自认为无所不能是对因丧失自我而产生的深层痛苦的防御,而丧失自我是否认现实的结果。……他人在自以为无所不能的个体身上,能清楚地看到自我价值的崩溃。实际上,自以为无所不能的个体乘着幻想的气球飘在空中,气球乘着风肯定越升越高,但若突然被刺破,气球就会变成一块被丢在地上的破布。这个人无法发展他的任何个性,没有任何东西可以在今后为他提供支持。"[109]倦怠、抑郁、心烦意乱、疾病,这些都是亲职化的成年人在接受心理治疗时非常常见的症状,使疯狂奔跑的他们不得不停下来。

这么做有什么意义?

每个人内心的永恒小孩都不会怀疑顺应父母的动机。它小声提醒成年人,他的选择很自然,是因为爱,不管爱会带来何种痛苦。在第一个问题"是谁在主导我的行为?"提出后,寻求自由的成年人必须质疑自身经历:"这么做有什么意义?"明确自己对待父母的行为有何意义,是一个人重拾部分责任的一种方式,让自己不再像孩子一样,而以成年人的身份行事。

亲职化基于父母无意识的亲职功能,是与"负责任的表现"相反的行为。同为治疗师的夫妻二人哈维尔·亨德里克斯(Harville Hendrix)和海伦·莱克利·亨特(Helen Lakelly Hunt)如此定义亲职化："从简单的形式看，无意识的亲职功能是一种日常经验。在这种经验之下，我们认为自己知道孩子想要什么或感受到了什么，或知道他们应该想要或感受到了什么。在极端情况下，无意识的亲职功能是渗透一个人生活中方方面面的、普遍的虐待和忽视倾向。"[110]如果亲职化明确地让孩子为父母服务，那么父母就可以舒服地丧失责任心。"舒服地"所传达的意思是"不做任何改变"。由此直接产生的亲子关系以及随后产生的前子女与前父母关系，是两个努力维持平衡和现状的系统。

亨德里克斯和亨特补充说："父母无意识的反应就像一把刀，会斩断父母和孩子之间无形的情感纽带。……这会引起孩子内心与内在小孩的割裂，断开他与部分自我的联系，让他认为这部分自我不可接受，必须消失。"[111]我们把这种对孩子的伤害称为"与本质割裂"的伤害。这是一种"内心的残缺，削弱了对'我是……'（Je suis）的富有灵感和自发的表达。为了讨好别人，孩子会主动忽略自身需求、梦想和深切的渴望。他失去了与生命亲密的、敏感的、富有活力的联系。他的内心仍深深怀念着丢失的乐园。"[112]

亲职化维持着情感纽带深沉而充满爱意的假象。其实，亲子之间的情感纽带一直以来都在遭受破坏、虐待、毁坏。促亲职化的父母和亲职化的成年人都没有看到危机正在动摇他们的关系，在告诉前父母"你的孩子不再是你的孩子"，告诉前子女"你的父母不再是你的父母"。

　　所有前子女与前父母的关系都有着被治愈的可能性。只要愿意负起责任，在这段特别的关系中找回和谐的动力，就能使每个人在独立自主的空间里，以同理心去和彼此和善地交流。为此，放下过时的忠诚至关重要。

忠诚的关系

我怀有哪些忠诚？

　　在亲子关系中，忠诚首先基于血缘关系。卡特琳·迪科曼－纳吉确认说："人类基因将我们预设为群体生物，因此我们也自然地被设定成相互需要的关系。无论喜欢与否，我们都与和自己有血缘关系的人有着不可改变的联系。这是事实。血缘关系既不取决于亲子关系的质量，也不取决于我们的渴望、我们的幻想、姻亲法律的规定或人生成就的高低。正是它的事实属性赋予了它力量。与其他根据人际关系发展去建立和断开的纽带全然相反，它是唯一不可辩驳的纽带，唯一不可打破的纽带。这就是为什么我们与它紧密相连。"[113]

　　由血缘关系产生的天然忠诚满足了人类对安全感和归属感的基本

需求。生物学事实将每个人都记录在家族谱系之中。血缘关系奠定了生物决定论的基础，促进自发纽带的形成。再次用卡特琳·迪科曼-纳吉的话来说，没有任何透析可以从血液中去除父母的"痕迹"[114]。但这并非代表个体会完全受生物学事实的制约。

在家庭中，忠诚的关系可以确保团结和平衡。这种体系内的平衡是应对外部变化的有力保障。

它的目的在于保障群体生存，但它也可能阻碍家庭成员的个人发展和人际关系发展。每个家庭都有自己的容忍底线，规定如何做是忠诚，如何做是不忠。家庭成员的不忠被视为令人担忧的让家庭失衡的风险。尤其是当父母或长辈不负责任时，他们会利用某些无形的忠诚来避免出现使家庭不稳定的所有个体差异。任何不符合或质疑家庭规则和价值观的个体选择都会被自动否决。其中，最主要的不负责任的行为是没有为后代提供充满情感养分的亲子纽带。而在功能失调最严重的家庭中，为了掩盖情感纽带的贫乏，血缘关系形成的纽带会被夸大到极点。

父母对孩子的期望通过家庭中无形的忠诚得到传递。如果父母的期望与孩子的渴望相符，那么这种忠诚就是积极的。

41岁的弗雷德里克阐述了自己如何发现了对父亲的积极忠诚：

"我在高中当了十七年的历史老师。我对历史的热情在童年就出现了。我难以遏制自己对了解人类灵魂的渴望。大约十几年前,我和学生一起发起了一项关于见证历史的项目。我邀请了几个参与过历史事件的人物来做演讲,然后我想到了让父亲作为战争老兵也参与进来。他曾作为一名应征入伍的青年士兵,在服兵役期间,参与了一场战争。我第一次和毕业班的学生一起聆听他所见证的历史,我感觉到了也理解了我的职业的某一部分也烙印着对父亲的忠诚——为他提供可以让他得到释放的话语空间。数年来,他向好几百名学生讲述了自己见证的历史。这段经历让我能够站在他的角度看待一部分家族历史,也充实了我的人生。"

相反,当父母的期望转变为孩子无权违反的强制要求时,无形的忠诚就会成为内心永恒冲突的根源,即使当事人没有意识到这一点。

忠诚冲突

内在小孩疗法的功效之一是解决忠诚冲突,这种冲突让个体在与父母的关系中感到痛苦,在对距离和对亲密的需求之间来回拉扯。在我们的心理治疗中,个体将学会重新与自己的内在小孩建立牢固的情感纽带,以便更好地在与他人的关系中进行自我定位。不要忘记,我们与自己的关系,比我们与父母的关系更加亲密。唯有超越自己与父母的关系,才能让我们与自身有所连结[115]。

这一步有时是困难的，常常令人感到痛苦，需要勇气。然而，许多人很快就会真切地受益。平息身体和精神上的痛苦，是他们摆脱适应小孩的忠诚的动力。与内在小孩重新建立联系并达成和解，也会给他们带来意料之外的可能性，与亲近之人再次结成联盟，建立满意的新联盟关系。这种想要建立健康的前子女与前父母关系的想法，也许可以成为取代盲目忠诚的另一个动机。

新联盟关系

在人类的所有神话传说中，颠覆性的新联盟都诞生于反抗之中。神话传说中的主角基本都违反了既定规则。神话学家约瑟夫·坎贝尔（Joseph Campbell）提醒人们："神话传说告诉我们，深渊最深处回荡着拯救之音。至暗时刻正是转机来临之前的一刻。光明将冲破最浓重的黑暗到来。"[116] 任何反抗都要穿越混乱，体验一开始在黑暗之中消失的感觉，而无形的忠诚则会劝说个体这么做有巨大的风险。

新的联盟关系要求个体跨越所有忠诚，但世界上有太多人都被困在对适应小孩的忠诚之中。约瑟夫·坎贝尔坚持认为："一个人坚持遵循某种程序，拒绝跟随内心的需求，就很有可能心理崩溃，他的精神层面便会走向瓦解。这样的人是游离的。他制定的生活程序并不适合他的身体。"[117]

　　一个人如果不再忠于家庭、社会和文化的某些习俗,从而达到对自己(和对他人)而言更广阔的维度,就会催生一种有活力的新联盟关系。同时他也在向意想不到的道路和可能性上迈进。

　　成年后,子女与父母需要建立一种新联盟关系,而"前子女"和"前父母"的用语为这种关系勾画出了第一道具有反抗性的轮廓。这样在意识层面的冒险让成年子女以更加平衡、真实的视角看待自己的父母,乃至自己与整个世界的关系。不过,这并不代表成年子女需要和自己的父母断绝关系,或者改变自己的父母,又或者苦苦等着父母可能始终不会产生的认可与理解,而代表鼓励成年子女体验一种新的联盟关系。

第三部分

建立前子女与前父母的新联盟

第七章
内在成年人的觉醒

随着成长，人会忘记那个秘密。它事关孩子的完整性，事关孩子任由整个世界在内心生存，没有因为反思、评判、谴责而让它停止生长；事关孩子生活在某种天堂般的花园之中，那里万物相伴，平静成长。

——卡尔·古斯塔夫·荣格

个性化（individuation）进程

　　到了成年的年纪并不意味着成为成年人。"成为成年人"之旅贯穿整个人生，遵守地球生命之法，不断地成长、成熟，直到死亡来临。人的成长不是连续的，而是如同大自然的四季变换般进行循环。

　　如今，大多数时候西方人都遵守一个严格的标准，即必须幸福。人们的一生完全奉献给了这种本质上是享受物质的追求。对许多人而言，就是不惜一切代价，支付一大堆费用，完成幸福成长。在这一"标准愿景"之下，困难、痛苦和挫折既不会被承认也不会受欢迎。一些最幸运的人躲进过度消费之中（矛盾的是，其中也包括对幸福的过度消费），而另一些不幸的人，注定要被未曾消逝的过去纠缠不休，承受它带来的痛苦。

　　成长是一种动态的进展，是精神病学家荣格所说的"个性化进程"的可视的一面。这一过程是内在转变的自然运动，是或多或少有意识的经历，旨在让个体更加完整和更加多元。个性化进程在于不断地追求个体和人际关系的圆满，但这种追求永远无法完全实现。这一荣格式的概念强调，追求"最好的自我"的情感冲动，能够将人的内在本质和每个人的成长过程中的限制与矛盾整合起来。因此，个性化进程并非排斥他人或世界，而是要接纳他们。人不是要拥有一切或变得无所不能，而是要知道人的本质并不完美，所以应该竭尽所能地履行自己的责任，实现自己的自由。这是真正的内在成年人的觉醒计划。

爱、失去、成长 ①

依恋与爱

毫无疑问，亲子关系建立在依恋关系的基础上，也就是说，建立在一条让孩子在父母面前感受到安全、舒适和信任的情感纽带上。依恋还促进了爱这一最高情感的循环，创造了深刻而积极的人际共鸣。

亲子关系中的这些原始体验来自孩子，孩子的爱"是一种对生命的渴望，是一种扩散的内在力量，成为充满生命力的、感性的独特化身"[118]。父母的爱是主动的，而孩子的爱则出于本能。父母依恋孩子，而孩子被动地与父母有所连结。这是亲子关系中最根本的不对等。面对脆弱、容易受伤的婴儿时，人类便开始学着如何为人父母。因此，父母在这方面是学生，孩子才是老师。治疗师哈维尔·亨德里克斯和

---

① 此处我们使用了加拿大心理治疗师让·蒙布奎特（Jean Monbourquette）的一篇著名文章的标题。——作者注

海伦·拉凯利·亨特说："当父母接受自身认知的局限性，并变得乐于接受孩子认知的事情时，他们的世界就会变得广阔。孩子的想法是一种信息来源，而不应该是引发冲突的原因。无论是否通过语言表达出来，孩子的批评都是极为优质的信息来源。"[119]

承认"自己本质上是一个孩子"并给予它合理的地位，会引发对内在小孩的深刻思考。每个成年人的内在小孩都能意识到他的原生家庭系统中的问题，他曾希望得到父母的支持从而改善这些问题。孩子是"亲情专家"这件事虽然让很多人感到困惑，却是已被证明的事实。"亲情专家"存在于所有家庭中，尤其会在家庭心理治疗的过程中展现出来（当孩子产生信任并认为治疗有效时）。

孩子的爱尤其会在想改善和缓解亲情关系时体现出来。这种自然意志如果没有得到父母的配合，就会转变为一种执着于修复对自身或对父母的伤害的愿望。依恋和爱是现代家庭生活的重要组成部分，可以促进个体单方面的依赖以及亲子关系的封闭和保守；但它们也会产生完全相反的效果，比如让父母和子女相互依赖、彼此的关系更加开放，进而使亲子关系发生改变。

当父母去世，那些与父母未达成平和关系的遗憾会以回旋镖的形式再次重伤子女。而正面迎击，也可以使之成为一种自我觉醒的力量。

失去父母

毫无疑问，失去父母是一种令人痛苦、印象深刻的人生经历。但它同时又发人深省，是成年人人生中的一个重要节点。无论成年人能否意识到，这种失去带来的痛苦都是在哀悼曾经那个是孩子的自己。

精神病学家欧文·雅洛姆（Irvin Yalom）认为："死亡相当于催化剂，能够促使一个人进入更高的存在状态，并将他从对事物本质的质疑状态转变为对这些事物的存在本身感到惊奇的状态。对死亡的意识转移了我们对日常事务的担忧，赋予生命一种深刻、强烈的感受，以及另一种全新的视角。"[120]

即使已故之人仍存在于心中，父母的去世也会是一段关系和一段经历的终结。它打乱了前子女的人生方向，分出了两条道路。其中一条道路是成年人通过对外在父母的哀悼，抛弃曾经为人子女的习惯，迎来象征性的自我死亡。丧亲后，他会成为自己的父母，解决内心仍未完成的事情。对内在小孩的照顾将会为他提供很多成长机会，让他成为更加成熟的成年人。而另一条更普遍的道路是他像永恒小孩一样彷徨，期盼着没有发生过的一切，在未终结的哀悼之路上精疲力竭。

未终结的哀悼之路

未终结的哀悼是生存和自我保护策略的症状。适应小孩会将自己保护起来，免受父母过世的影响。他的防御系统会遵循两种截然相反的模式。前子女会继续依恋过世的父母（有时处于幼儿化的成年人或亲职化的成年人的模式中），或"远离"这一死亡事件，就好像它从未发生。他在情感上完全抽离，甚至在某些情况下会完全否认亲子纽带曾经存在。

心理治疗师让·蒙布奎特在他的一篇文章中建议通过以下三个问题来评估哀悼的强度。

- 你所爱的人对你来说意味着什么？
- 你因为爱他做出了哪些牺牲（时间、关心、精力、梦想、计划等）？
- 在你的生命中，他占据多重要的地位？

在面对父母去世的情况时，这些问题的答案会揭示丧亲者可能持续扮演着的角色的本质。

让·蒙布奎特在美国旧金山学习心理学期间，参加了基于角色扮演游戏的心理治疗课程，重新经历了大约二十二年前父亲去世的痛苦场景。直到那时，他才终于能够释放并表达自己之前被压制的情感：

"那时，我把父亲抱在怀里，我告诉他我有多么爱他。这是我第一次说这些话。我开始痛哭流涕。扮演我父亲的人被我的泪水浸湿了衣服。"因此，他指出："我之前没有意识到自己也需要经历和终结一场哀悼。或者说，二十二年以来，我一直在哀悼父亲，却没有意识到这需要我付出多少精力。"[121]

难以终结哀悼之路的原因，可能与家庭经历紧密相关。在这种情况下，受适应小孩掌控的成年人会为了整个家庭系统进行一项自我牺牲的任务，那就是守住未曾消逝的过去的家族记忆。

家庭使命：未终结的哀悼

在一个家庭中，离世的父母会让未完成哀悼的人承受巨大的压力。这种负担通常意味着父母与子女之间存在未终结的情感纽带和未结束的亲子关系。事实证明，在家庭心理治疗中辅以哀悼工作，对"个体放下已故家人在心中过于重要的分量，接受内在和外在的角色转变而言是非常宝贵的。这样，家庭系统的规则就会变得更加灵活，不再阻碍必要的改变；并且家庭能够在经历这样的危机之后，重新获得相对和谐的平衡，从而既能够尊重家庭成员的自主权，也能保留他们之间深刻的相互理解的情感关系，正是这样的关系将家庭成员团结在一起。"[122]

几年前，我们治疗过一个五口之家。母亲表达了自己面对特别沉重的家庭气氛时的痛苦。"被指定的患者"（这个词用来描述家庭成员公认的病人或带来麻烦的人）是乔丹，16 岁的儿子。他的学习成绩一般，而且他对弟弟的态度相当恶劣。我们接待他时，发现他有抑郁的情绪。在第一次治疗中，在探索这个家庭的三代人的维度上（孩子、父母和祖父母三个层面），我们发现了乔丹的父亲和乔丹的祖父之间未终结的情感纽带。父亲矛盾的话语，既强调了他对自己父亲的爱，又强调了父亲的失败（缺席且施暴的父亲），一个陷在理想化情感纽带束缚之中的永恒小孩暴露了出来。乔丹的父亲和乔丹一样看上去很抑郁，痛苦于没有得到足够的父爱，也未曾承认自己对父亲的爱。

当我们与父亲交谈时，乔丹非常关注他的话语和动作。我们对儿子的模仿态度感到很惊讶。他似乎在一边复制他父亲的言行，一边把玩着脖子上的一个吊坠。这个举动引起了我们的注意。后来我们得知这个吊坠出自那位了不起的祖父之手。乔丹——被指定的患者——戴着本应是他父亲继承的项链。他为什么戴着它？它有什么意义呢？随着进一步的了解，这家人才意识到乔丹佩戴这个吊坠就是承担了一部分他父亲未终结的哀悼。乔丹用行为向他的父亲表明，因为没有慈爱的父母而痛苦的父亲其实值得被爱和认可。这种沉重的家庭氛围背后隐藏了许多禁忌情绪，比如强烈的愤怒。很快，这个家庭重回和谐，乔丹也打起精神，在学业上取得了成功。

一系列对父母未终结的哀悼，揭示了子女成为成年人后不为人知的一面，即子女难以放弃固有的亲子关系，因为这一复杂的情感纽带早已与子女的人生履历密切相关。

人生履历

成年人正是在起伏变动的人际关系环境中不断成长和自我完善的。在出现新的平衡之前，本我（Moi）会习惯以往的交流方式度过稳定阶段和干扰阶段。成为成年人是个体在人生履历中要一直持续的工作，由外在经历和内在经历交织而成。

- **外在经历**包括生活中发生的各类事件。这种经历占主导位置，是可见并且正式的，与原生家庭系统的归属感有关。"我是……的儿子／女儿""我从事这份工作""我有这种品质、这种能力""我与……有这种关系"等，塑造了一个通常与家庭规则相符的身份。
- **内在经历**基于生活对个体产生的各种影响，是由人的主观性发展而来的另类、隐形、本真的经历。成年人经历的外在的一切，他的内在小孩同时也会在内心经历一次。我们可以肯定的是，内在经历才是个体经历的本质。

成年人并不能自动变得成熟。成熟的过程在于成年人让自己跟随内心世界的引导，重新挖掘自身的内在经历，并在这个过程中，接纳被丢弃在阴影中的童年经历。

一个人的阴影就像一间布满灰尘的阁楼或潮湿的地窖，任何人都不会走进去。让·蒙布奎特解释说，接纳阴影经历能促进更真实的社交人际关系的发展，也有利于道德意识的发展。"一开始，道德意识尤其体现在对家庭和社会传承的规则和道德准则的简单服从上。尽管学习服从的道德意识值得肯定，但是我们得想办法来超越它。因为来自家庭或社会的道德准则，往往会助长一些伤害他人的言行。"[123]

传统的道德意识为了维持某种既定秩序，忠于外在经历，将家庭和社会规则强加于每个人。超越传统的道德意识则会让内在经历更受重视，这样才能利用更加尊重各种生命形式的、更普遍的原则。从个体层面上来看，成为成年人包括对亲职功能以及不同人生阶段与之相关表征的必要舍弃。

成年人的生命周期

成年人的生命周期是成为成年人进程的简化表征。以下是完成自我实现的个体的主要经历概览①。

----

① 我们使用了塞尔维·加兰德提出的"年龄段"（les tranches d'âges）这一概念。参见《成年人与其父母的关系》（*La Relation entre les adultes et leurs parents*）第194~198页。——作者注

- **踏进并融入成年人世界阶段（从 21 岁到 28 岁）**：前子女将自己定位为对家庭、文化和社会环境更负责任的人。他们的个体身份和社会身份在拒绝前父母和被前父母同化的双重运动中得到塑造。

- **调整阶段（从 28 岁到 35 岁）**：前子女被迫厘清并修正与前父母的关系。在此期间，无形的忠诚和对前父母的期望会使前子女产生困惑。这个阶段的前子女会经历亲子关系危机，会自我怀疑、反思过去的经历，开始对内在的探索。

- **初入中年阶段（从 35 岁到 42 岁）**：内在经历的重要性会超越外在经历。前子女被引导着根据内在真相改变人生观，他放弃了对某个人（他的父母或其他家庭成员）、团体、机构等的外部亲职功能的依恋，逐渐成为自己的父母。

- **人生新发展阶段（从 42 岁到 49 岁）**：在这一阶段，前子女承认亲职功能不可避免地会结束，以及与前父母建立新联盟的可能性。此阶段酝酿着青春期某些独一无二的方面的复苏，但如果前子女没有及早做好准备，就可能感到迷茫（不明白生命的意义、孤独、焦虑、某些情感纽带突然断裂等）。

- **巅峰阶段（从 49 岁到 56 岁）**：前子女经历了社会成就和人际关系成就的最高点。一般情况下，他对自身和过往经历的看法更加统一，以更加成熟和真实的方式向他人呈现自己。他正处于影响力的顶峰，会对自己的主要需求和灵魂深处的基本愿望做出回应。他成为自己最好的盟友。他的主要创造力在于处理亲密关系的能力（连接、表达、分享、与自己和他人和解的能力），但他也可能隐没在孤独之中。这是他亲眼看见父母一代消逝、孩子离开家庭的阶段。他如果照顾好了自己的内在小孩，就会更从容地度过必然发生在这一时期的哀悼。

- **第三年龄阶段**（从 56 岁到 63 岁）：个体正在走向衰老。他开始协调内心的"老人"和"小孩"，由于这种互补性，他的人生会变得更加丰富。他对自己的存在进行初步评估，并重新关注自身的内心生活。此阶段展现的世代性（确保人类未来有永续生存的能力）是个体的基本创造力，但这可能使个体陷入停滞。他和比自己更强大的人建立联系，产生的与利他主义有关的担忧会带领他走向集体。

- **自我实现阶段**（63 岁以上）：这是满含智慧和充满自由的人生时期。这是一个心理和精神都处于完成式的阶段，个体在这时会成为一个孩童般的成年人。完整性（按照内心的真实经历整合自身各部分的能力）是他的主要创造力，但他也可能陷入绝望。孩童般的成年人能够随着衰老获得可以对抗和整合人类矛盾的深刻思想与轻松自如的心态。

- **80 岁以上**：身体的衰弱、生命外在形式的萎缩与内心世界的广阔无边在这个阶段形成了鲜明对比。人不得不面对自己有限的生命。

中年时期

在人生的中年时期，即从 40 岁到 60 岁的漫长阶段，个体会质疑许多重要的事情，直面对人、事、物的哀悼和自我改变的必要性。每一段外在经历都会促使他探索自己的内在经历，随着时间的推移形成连贯且完整的人生履历；也就是说，外在经历不是碎片化的，也不是相互分隔的。尽管以下列举的一些事件或情形并不详尽，但它们可能让人生产生新的意义或给人生带来更多的可能性。

● 前子女离开家（前父母有患空巢综合征的风险）。

● 前子女不愿离开家。

● 前子女突然回家居住（单独回家或携带伴侣或小孩）。

● 晚育的孩子出生。

● 发生事故或生病。

● 亲人去世。

● 照顾生病或失去自理能力的前父母。

● 家里迎来新成员。

● 成为祖父母（对前父母而言，这个新身份便于他们终结自己的亲职功能）。

- 分居、离婚。

- 丧偶。

- 重返就业市场或转行。

- 自己或配偶退休。

- 失业或经济状况不稳定。

- 搬家、购买新房产等。

这些变化无论带来的是消极的还是积极的转变，都有助于一个人思考生命的意义。生命没有绝对的意义，除非被我们赋予意义。甘地（Gandhi）说过："生命是一个美妙的谜团，要去经历它，而非把它当成一个问题来解决。"这是一场纯粹之旅。每个与世界相连的生命，都与自身最微小的和最伟大的部分亲密接触。欧文·亚隆（Irvin Yalom）总结如下："我们越寻求自我满足，它就离我们越远。我们越体验到自我超越的意义，就越能认识到什么是幸福。"[124]

成长是一场哀悼

每个生命故事中都伴随着失去。也许我们有意要花更多的时间驻足停留，看看它们，体会因失去而产生的情绪，用自己的目光去审视这一切。当我们再次适应的时候，也许就能发现其中暗藏治愈和成长的机会[125]。

——马克蒂和维梅特（Marcotte et Ouimet）

成长是一连串微小的死亡和哀悼，为的是更好地存在，学会变得更具生命力，更大程度地处于情感纽带之中，并解开自身的秘密。成为成年人意味着从你认为的自己转变为真实的自己。这段经历的结构脆弱而复杂，推动人们自我憎恨、自我逃离和自我否定，同时又自我认识、自我尊重、自我统一。个体在面对人生的无常的同时，也在充满活力的情感关系之中不断寻找自我，不断成长并完善自我意识。心理社会学家让－皮埃尔·布蒂内（Jean-Pierre Boutinet）区分了自我意识构建的三个主要组成部分[126]。

- 一种时间上的永恒感，成年人通过自己的人生经历持续不断地认识独特的自我。
- 一种分化感，产生于成年人在维系与其所处环境的关系中经历的多种多样的事件及其带来的变化。
- 一种成年人对自己的认可感，或自己给他人的感觉："他人如何看待和评价我？""我对他人来说是什么？""我对他人来说代表什么？"

成为成年人的根本挑战是获得自我意识，这更多地基于一个人的内在经历，而非外在经历。这就是为什么接纳内在小孩是内在成年人觉醒的重要标志。

拯救内在小孩

拯救自己的父母？

"治愈父母"的态度已经普遍到没有人觉得奇怪。然而这种惯性思考却会使个体在精神上产生各种痛苦[127]。

- 压抑：对内在小孩的感受保持麻木态度，这样就可以把自己不合理或不可接受的行为当作"正常"行为。

- 否认：拒绝承认小时候所面对的痛苦事情的本质。

- 抑制：通过合理化、最小化或为过往经历辩护来抑制自己的生命力。

- 易怒：迷失在情绪混乱之中，通过发怒来掩盖经历的创伤。

- 受害者情节：将自己封闭在受害者状态之中来推卸自己的责任。

- 控制：把自己的生活进行隔离和分割，让自己面对内心不适时感到安全。

- 支配：用力量树立威望，以免使自己处于无能为力、脆弱和易受攻击的境地。

所有的精神痛苦既是挡箭牌，又是生存策略，唯一的功能就是保护无人拯救的内在小孩。一旦成年，每个人都有责任增强自我意识去调动自己的心理治疗能力。彷徨的内在小孩蜷缩在阴影笼罩之地，但他有时也会让成年人听见自己的声音，扰乱成年人的心神。

以下这首令人心碎的诗体现了这一点。这首诗出自一个 21 岁的年轻女性。

就像夜里醒来的孩子，

希望能有一双手让自己感到温暖，

有臂弯拥抱自己的孤独。

谁会用充满信任的泪水和爱安慰他呢?

我也被抛弃，被排斥，被遗忘，

因为缺少爱而陷入黑暗的孤独之中。

我还在用孩子般的静默和抽泣祈求着，

遥远的希望和被爱的魔力。

仍沉睡在我心中的孩子，

因流露出局促的天真而受伤。

唉! 多么可悲的悖论。

我猜测自己还能得救，

但也知道没有人会拯救我。

然而，我还有蠢蠢欲动的梦。

它们也许不值一提，

却引起强烈的回忆，

给我珍贵的安慰和爱的抚触。

我仍在等待[128]……

试图通过否认自己的真实经历来拯救父母或等待外在的拯救者，真的是糟糕透顶的选择。如果你不能对自己内心最微小、最脆弱的部分怀有同理心，对它仁慈、关爱它，那么随着时间推移，你会变成什么样的人？过度适应、幼儿化或亲职化的成年人不能真正地拯救父母，只能维护虚假的情感纽带。要唤醒内在成年人，就要扛起责任，直视一切；这既不舒服也不稳定，但这是一个机会，让个体能够在原生家庭之中，在前子女与前父母的情感纽带中，恢复被遗忘的尊重和爱。

无论是前父母悔改，还是前子女宽恕前父母，都是行不通的解决办法。尽管悔改和宽恕① 可以在一段时间内重新平衡前子女与前父母

---

① "宽恕"在心理学领域是一个备受争议的概念。它的捍卫者将它的同态调节效应与心理治愈混为一谈，通常拔高了它产生的效果。宽恕可以让人重获一段时间的心理平衡，但从长远来看并不能消解内在的心理压力。更糟的是，有研究清楚表明了依靠宽恕解决问题的害处。心理治疗师赛尔维·特南鲍姆（Sylvie Tennenbaum）的书《原谅、报复或释怀？》（*Pardonner, Tyrannie ou libération?*）对这个问题做出的阐释很有价值。——作者注

的关系，但代价是否认每个人的内在经历。三十年的心理治疗实践告诉我们，从一个人变得完整和真实的那一刻起，所有的经历都可以被表达和接受。前子女和前父母的局限性是可以被接受的，并且也能够融入充满感性和真实的亲子关系中。

摆脱秘密

40 多岁的埃洛伊斯正在从事社工相关工作，她会陪伴和指导那些没能成功步入职场的年轻人。在埃洛伊斯 8 岁时，她的父亲因为心脏病突然去世，这是她经历的第一次创伤。面对不知所措的母亲莫妮克和比自己小 5 岁的弟弟皮埃尔，她很快就变成了"母亲"。她帮助母亲做所有的日常家务，还要照顾弟弟。勇敢的她成长为一个强大、看上去很自信的女人，但她的身体承受着巨大的痛苦。由于超重，她感到很羞耻，不喜欢自己。她还常年被无法控制的焦虑折磨，一想到弟弟和母亲可能生病、受伤，甚至会死，她就很恐惧。于是她开始进行个体和团体心理治疗。

三年后，在她的提议下，全家人都开始参与家庭心理治疗。三个人一致认为这个亲密无间的家庭让人喘不过气。自从父亲去世后，埃洛伊斯被亲职化了，而皮埃尔则被幼儿化了。他过着被姐姐支配的生活，感到很痛苦，没办法掌控自己的人生，无限期地推迟着自己的就业计划。而莫妮克自从丈夫去世后就一直独身，她表现出一副受害者的样子，两个孩子责怪她总是悲伤、消沉，让他们也开心不起来。

在第一次治疗中，我们就谈论了关于父亲的"未终结的哀悼"的问题。我们用一张空椅子代表已过世的父亲。三个家庭成员面对这件悬而未决的事充分爆发了自己的情绪。莫妮克哭诉丈夫抛弃了她，也没有尽到给孩子们当父亲的责任。她多年来每周都进行一次"招魂"，让死去的丈夫和孩子们保持联系。莫妮克的爆发让皮埃尔终于摆脱了这无处不在的"鬼魂"。最后，深感不安的埃洛伊斯放下了父亲本可以保护幼小的她，让她免遭性侵的想法。他父亲的朋友保罗是一个性侵者。他操纵莫妮克把女儿"托付"给他。埃洛伊斯被性侵这件事直至第一次治疗时仍然是个秘密。在下一次治疗中，埃洛伊斯准备揭开自己隐藏的真相，正是这件事让整个家庭喘不过气。

> 埃洛伊斯：我需要谈论一个对我来说很难的话题，但我很害怕。
>
> 治疗师：你害怕什么呢？
>
> 埃洛伊斯：害怕妈妈不理解我，就像我小时候那样。
>
> 治疗师（对母亲说）：莫妮克，你觉得你能理解你的女儿吗？
>
> 莫妮克（惶恐）：可以的，我会尝试的，但我指望你能帮帮我。
>
> 治疗师：当然。我完全理解你的担忧。今天所有人都聚在一起，就是为了给每个人都找到解脱的办法。

埃洛伊斯：妈妈，我想具体说说我 10 岁时发生的一件事情。

治疗师：埃洛伊斯，你刚说了"妈妈"。我建议你和如今的莫妮克交谈，这样可以区分只属于过去的她的亲职功能。

埃洛伊斯：好的。莫妮克，我想具体说说我 10 岁时发生的一件事情，那时候你既当母亲又当父亲。一天晚上，10 点 30 分的时候，我正在房间里睡觉，你把我叫醒了。我当时很害怕是不是又有什么悲惨的事情发生了。你当时很奇怪，叫我快点穿好衣服，说保罗正在等我。我什么都没想就照做了，你在半夜把我丢进他的车里，他就开车带我走了。（埃洛伊斯抽泣着，弟弟的情绪很激动，莫妮克仍保持冷漠。）

治疗师：埃洛伊斯，我建议你在继续之前深呼吸一下。

埃洛伊斯：到了他家之后，保罗命令我脱掉衣服躺在床上……他的床上。他走进了浴室。我吓得浑身僵硬、发冷，感觉自己掉进了陷阱，被抛弃了。我觉得自己快要死掉了。当他回来的时候，我整个人裹在床单里，把自己包得严严实实的。他对着我大喊大叫，问我在捣什么乱。他当时只穿着一条内裤。他躺下来抱我，把手伸进我的衣服里，然后性侵了我。我受不了了，用尽全力大声尖叫。因为怕周围的邻居听到，他慌了。他百般辱骂我，然后把我拖进车里送回了家。

治疗师：莫妮克，你还记得这段经历吗？

莫妮克：我记得，但我当时不知道保罗要干什么。

治疗师：莫妮克，我建议你不要为自己辩解。我需要了解的是你当时的想法和感受。你觉得半夜把自己 10 岁的女儿交给一个男人正常吗?

莫妮克:我当时只是觉得,如果保罗能照看她几天,我就可以少操一点心。

埃洛伊斯:我一到家就往自己的房间跑,我在楼梯上停了一下,因为保罗在外面对你破口大骂。他因为我的行为气急败坏,我还记得你含含糊糊地说了这几个字——"我很抱歉"。

莫妮克:是的,我对这一切都感到非常抱歉。我请求你的原谅。

治疗师:莫妮克,现在重要的不是原谅,而是要消除你们之间的裂痕,消除让你们的亲情纽带变质的痛苦和秘密。

莫妮克(突然表现出不安):我不知道要做什么,或怎么……

治疗师:你当时有这种感觉吗?

莫妮克:一直都是这样的。丈夫离开后,我一直很迷茫。我无能为力。我看着自己那么做。我就像一个活死人。现在想弥补什么都来不及了。埃洛伊斯直到快 12 岁时才告诉我,保罗并非好人。我当时也没有试图弄清楚这是什么意思。直到后来,我才想到女儿可能有危险,所以我拿走了之前给保罗的钥匙,把他赶出了我们的生活。我以为我已经行动得够早了,但还是太晚了。

治疗师:对每个人都拾起自己的责任这件事来说,任何时候都不晚。莫妮克,你曾经是父母,因此也就是对你的孩子负责的人,是这样吗?

莫妮克:是的,但我搞砸了。

治疗师:今天你可以成功。我们开始吧。首先,你能告诉埃洛伊斯你听到了什么吗?

莫妮克:亲爱的,我……

埃洛伊斯:不,不存在"亲爱的"了……我不需要你的爱,我需要知道我还可不可以信任你。

莫妮克:我听到你说保罗伤害了你。

埃洛伊斯:不!我不是这么说的。

治疗师:莫妮克,你能尝试用埃洛伊斯说过的话讲述她的经历吗?她说的那些话充满了她的情绪和内在真相,是解脱的出口。

莫妮克:当我叫醒你的时候,你很害怕。你不理解发生了什么事。在保罗那里,你吓得浑身僵硬、发冷,你感觉自己掉进了陷阱,被抛弃了。你觉得你快要死掉了。(莫妮克停下来开始哭泣。)哦,我的老天,我的女儿……我没法继续说了,这太难了。

治疗师:我在陪着你,莫妮克,继续吧。

莫妮克:然后你受到了骚扰。

治疗师:她不是这么说的。她说了什么词?

莫妮克:他……他性侵了你。(莫妮克崩溃了。)

埃洛伊斯哭着重复道:是的,他性侵了我,他性侵了我,他性侵了我……

　　莫妮克：我为埃洛伊斯感到心痛……其实我小时候也被性侵过。这是我第一次敢亲口承认这件事。

　　通过发现和女儿经历过同样的情感创伤，莫妮克自己也摆脱了一个沉重的秘密。因为秘而不言，创伤才有了代代相传、重复发生的可能。神经科学研究表明，个体要消化过去，得到平静，就必须拥抱自己内心深处的经历，培养与自己相连的具备同理心和仁慈的情感纽带[129]。而内在小孩的比喻，有助于在心理上促进一种健康和释然的内在依恋。

　　为了解开家庭系统中僵化的纽带，每个家庭成员都需要学习如何接受内在真相。摆脱秘密是拯救内在小孩的第一把钥匙。心理治疗师的陪伴起到了至关重要的作用，确保每个人在可被接受和被容忍的情绪范围内，扮演一个重要的角色。心理学家兼家庭心理治疗顾问佩姬·佩斯（Peggy Pace）谈及："治疗师充当的是咨询者的情绪容器和调节者的角色。治疗师的在场是对结果的保证。在整个过程中，他必须在场、可靠，与咨询者保持积极联系，并随时提供情感支持。"[130]

　　在心理治疗结束之后，埃洛伊斯在个人生活和职业生涯中都发生了许多转变。她总结说：

"我的心理治疗分成了好几个步骤。我意识到自己背负着很多本不属于我的内疚和责任，也就是说，我忠诚于一个有害的家庭系统。然后，我又进行了几次家庭心理治疗，我能够用强有力的语言告诉我的母亲我小时候经历过的、她从未真正理解的事。我也知道了每个人对这种禁锢式家庭模式的感受。我感觉到并且能够理解我们三个人其实都很痛苦。我能够向母亲表达，她对我小时候的经历负有责任，是她没有保护我。多亏了家庭心理治疗，我的母亲可以重新负起对她自己的所有行为的责任了，我感到很宽慰。我不会再指责那个曾经是孩子的自己了，我曾把所有的不幸都归咎于她。我允许自己走进自己的内心，去和受伤的'小埃洛伊斯'相见。现在，我再次感到我们三个人都回到了正轨。我的母亲对我再也没有压倒性的影响了；当我觉得某件事对我来说不好的时候，我也能喊停了。"

她的弟弟皮埃尔也从他的角度见证了自己的重生：

"一开始我是不太信家庭心理治疗的。我问自己：'几次治疗就能改变什么吗？'我到的时候还在想我要看看究竟会发生点什么。但我很震惊，反正一切有因就有果吧。我让她们听到了我的声音，承认并相信我承受过的痛苦。这一切让我能放弃一直使我痛苦的家庭模式了，以前我不放弃它是出于保护其他人的顾虑。现在，我知道我们每个人都可以独立于他人而生存了。

"我的自主意识很强。我终于实现了梦想，离开法国并在加拿大定居了。我也找回了我的姐姐。和埃洛伊斯在一起的时候，我们的行为变得和以前不一样了，我们的关系也变得更加轻松，我们也更加有默契了。"

每个成年人内心深处的童年经历都反映了人类受到暴力污染的根本问题。对孩子的否认——否认他们敏感、脆弱、又充满智慧——滋生了一种暴力，这种暴力造成的伤害会烙印在孩子的心里，如同白纸上的斑斑墨痕，怎么擦也擦不掉[131]。

归还暴力

对儿童使用暴力是广泛存在的悲剧。日常教育暴力（violence éducative ordinaire，VEO）指所有污染亲子关系的伪教育态度。这种暴力构建的权力、统治和控制关系，会给儿童带来精神或身体上的痛苦。这是波及所有文化和国家的普遍性灾难。联合国儿童基金会的一份报告显示，从 2009 年起，有 85% 至 95% 的成年人在使用日常教育暴力[132]。儿科医生卡特琳·格冈（Catherine Gueguen）解释说："（这种暴力）被定义为'一种教育'，因为它是许多家庭和学校教育的组成部分。它被定义为'日常的'，因为它经常出现在日常生活中，被认为是寻常的、正常的、可以容忍的，甚至有时会受到群体鼓励。通过打孩子来教育他们，让他们服从，被认为是'正常的'。"[133]

日常教育暴力包括击打、威胁、惩罚、评判、贬低、孤立等使孩子处于恐惧状态的行为。这种渗进许多人的血肉之中的害怕，充斥在成年后的前子女与前父母的关系中，使得情感纽带和亲子关系变质。出于恐惧、羞耻和内疚，许多人会对这些施加在自己身上的暴力行为守口如瓶。而为童年所遭受的不可接受的行为辩护的最常见方式是将其普及化、正当化和合理化。

象征性地将所遭受的暴力归还给父母（或其他成年人），是让人际关系健康发展的重要仪式。对前子女来说，归还象征性暴力是能量、情感和心理上的释放。如此一来，到那一刻为止，永恒小孩就会卸下在亲子关系中通过牺牲自我来为父母承受的重担。对前父母而言，他们拿回自己的"包袱"，并获得为过去的行为承担责任的机会。通过重新承担起自己对孩子所实施的行为产生的独一无二的责任，他们也会（有时是无意识地）摆脱内疚感。

心理治疗是一个通过向第三方透露自己的痛苦经历来完成自我重建的过程。然而，很少有治疗师会帮助咨询者在前子女与前父母关系中完成归还暴力的行为。首先是因为治疗师并不能一直对咨询者本身的童年经历有着清醒的见证（这可能减小治疗师的介入程度）。其次，归还暴力更容易在家庭心理治疗中实现。最后，归还暴力是一项复杂的工作，对治疗师的要求非常严格、谨慎。为了达到目的，治疗师和咨询者需要进行几个月的准备工作（有时需要一两年）。

当充分满足以下条件时，前子女才能够对父母归还暴力。

- 认识到了与自身痛苦经历相关的情绪（恐惧、愤怒、暴怒等）并能够适当地释放。
- 通过学习安抚内在小孩，重新获得了某种调节情绪的能力。
- 探究在面对家庭系统时自己保持沉默的原因。
- 质疑日常教育暴力在其家庭系统中的作用。
- 放弃对父母的隐形或明确的期望。
- 重新理解父母，并接受他们在过去和现在的局限和不足。

归还暴力可以被视为心理治疗过程中的一个里程碑，需要由成熟和负责任的成年人代表内在小孩完成。再现暴力可以通过书信或物件两种形式，无论父母是否在场都能够实现。

35 岁的马克讲述了自己归还暴力的过程：

"接受了一年的内在小孩疗法的治疗后，我对自己的过去更加了解了。我没有质疑父母给我的爱，那不是问题所在。我只是对自己遭受的教育暴力感到愤怒。小时候，我母亲经常用竹棍和鞭子威胁我。她从来没有打过我，但她的辱骂和对被打的恐惧把我吓坏了。有一天，当我在治疗师面前回忆过去的一幕时，我意识到家里某扇门后面放着一根大竹棍。治疗师问我这是做什么用的。'什么用都没有！'虽然我这么回答，但归还暴力就是从这里开始的。我约母亲见面，给她带了竹棍和专门买的鞭子，我把这些东西给她，对她说：'看吧，我觉得这些东西属于你，它们代表了你作为一个母亲，对 5 岁到 12 岁的小马克施加的语言暴力和威胁。我对你的行为一直感到很愤怒。通过这样的归还仪式，我把属于你的全部责任还给你。'然后我就离开了。几天后，她打电话告诉我她理解我的行为。从那以后，她没有再提过这个话题，但我觉得我们的关系更加公平了。我们之间一直存在距离，但现在这种距离对双方来说都意味着对对方更加尊重，也更健康。"

当马克和母亲会面的前几天，他得知自己将成为一个父亲时，这种归还就具备了特殊意义。归还暴力是反抗教育暴力再次上演的绝佳方式。爱丽丝·米勒确信："如果我们在孩童时期无法有意识地经历并克服所遭受的轻视，那么我们就会把它传递下去。"[134]

象征性地归还暴力是心理治疗获得成功的基石之一，它为孩子所遭受的轻视发声谴责。但是这使那些声称这是对父母的不公和暴力的人感到不舒服，无论他们出于什么原因维护父母或为父母的责任开脱，这种态度都是对寻求安抚的前子女和前父母的侵犯。

获得平静

对每个成年人而言，内在小孩都希望与自身经历和平相处。决定成年生活质量的不是童年创伤（虽然有一定影响），而是成年人与自己、过去，以及他人缔结的关系。成年人的责任是思考，并理解任何孩子都值得像其他孩子一样被关注、被爱和被温柔对待。他有责任指出所有发生在自己身上的不适当、不可接受或犯罪的行为，并对此表示愤慨。这将帮助他在生活中与过去有缺陷的模式分离，把重心放在建立可以充分发展的人际关系上。

如今，许多人都认为暴力来自教育而非人类的本性。人类能够实施最残忍的暴行，但矛盾的是，人类的大脑并非为暴力而生。暴力会损害人类天生的社会心理能力（同理心、仁慈、利他主义、同情等）。

为了让每个人都能够获得平静，前子女与前父母的关系需要被剖析、重新评估、净化和调整。没有任何生命可以在秘密和暴力的流沙中成长和实现自我。在家庭心理治疗中，我们很少遇到拒绝为自己的行为负责的前父母。前父母的最后一个使命是接受前子女的内心真相，而非试图拒绝、合理化、最小化或推卸责任。如果这样的真相不能被成功接纳，亲子关系就不会稳定，双方也无法相互和解。

和平的钥匙铸造于子女与父母以及前子女与前父母的关系之中。

这不是一种乌托邦或天真的看法，而是描绘明日世界轮廓的愿景。我们正是因为在心理治疗工作中与成千上万的内在小孩相逢，才得以观察到这一趋势，推动每个人与周围的一切和平相处。

首次结盟

内在小孩疗法并非从家庭过去的不完美经历中寻找痛苦的原因。内心的适应小孩使成年人在面对过去时处在幼儿恍惚状态中，从而扭曲了当下的现实情况。如果承认过去的痛苦并对此感到愤慨很重要，那么此刻同样重要的是要调动所有资源来重新掌控人际关系。拯救内在小孩，就是每一次都要将他拉回现实的此时此地，活在当下。

当你与前父母沟通时，你可以尝试握住内在小孩的手，让他一起参与沟通。敢于揭开内心真相，有助于将自我意识与亲情纽带重新融合。这样一来，没有人能说对已经发生的事情一无所知。每个人都要重新对自己的回应和选择负责。

与内在小孩的首次结盟会打开许多关系之门。无论作为孩子的你是出于什么原因缺乏安全感、保护、支持、同理心、关心和爱，曾经缺席的成年人盟友此刻就在你的眼前：那就是你自己。

成为内在小孩的最佳盟友

自我养育能力

对内在小孩来说，时间概念是不存在的，他过去的所有经历都可以随时被唤起。为了填补自我成长中的空白，每个成年人都需要成为自己的父母，都应该学会包扎自己的伤口，负起自我疗愈的责任。每当过去的经历袭来，无论是愉快还是痛苦，都是内在小孩的呼唤，他期望在成年人的支持和鼓励中继续成长。

我们在其他书中已经提供过不同的自我养育策略，以下几点需要特别强调。

- 内在小孩需要经常听到**鼓励的话语**，这一点很重要，例如："我很高兴你是一个小男孩／女孩""你是一个有爱心的人""你可以自由地表达自己的感受和需求"，等等。我们在一本书中列举了大量的肯定表达，可以用来修复不同年龄段人群的童年经历[135]。
- 使用便于与内在小孩进行沟通的**象征性物品**[136]。它可能是毛绒玩具、洋娃娃、玩偶或一幅图画。小时候的照片也能有效地帮助成年人与童年经历建立联结。

- **仪式**对恢复被遗忘的潜力具有巨大作用。"通过隐喻和象征的力量，仪式会直奔目标，不会被心理困境及其无止境的问题困扰。仪式结束后，新的可能性会在意识中萌芽，并突破与自己、与他人以及与世界的关系的界限。"[137]

- 成年人与内在小孩的**文字交流**力量巨大。这种与内在小孩的交流是照亮一个人的内心世界和增强自我意识的极佳方法。

如今有一些观点是你要接受的。不断进行自我养育的人更容易调节自身情绪并扩大自己的感受范围。他能发展出深切的亲密感，从而改善人际关系。这种人通常更加自主，并且在各方面都与自己的前父母有差别。成为自己的父母就像一场分离仪式。这场解放有利于前子女和前父母进行更坦诚、更健康的沟通。更容易放下生存和自我保护策略的人，能更好地享受生活。

自我养育并非一些人所想象的个人主义、自我中心或自私自利。恰恰相反，它常常会让他人获益，让个体能够以全新的态度重新接纳他人。自我养育的体验有时也由心理治疗关系开启。53 岁的米丽埃尔吐露：

"在内在小孩疗法的第一阶段治疗中，当我回忆童年时，真正打开我心扉的是我看到了治疗师眼中的泪水。他是第一个和我的'小米丽埃尔'一起哭泣的人。因此，这鼓励我以同理心和同情心来看待内心渺小又脆弱的我。它改变了一切：我的生活，我与自己和他人的关系。我内心的小女孩终于感到自己被倾听、被理解、被认可。她可以表达也能解放自己了。"

像米丽埃尔一样，许多人在好心人的帮助下经历了自我养育。因此，在他们看来，照顾受伤的那部分童年自我是合情合理的。他们允许自己自由发展那些之前受到嘲笑或否认的才能。甚至更重要的是，他们的心灵在不完美和脆弱的人性中找到了自己的一席之地。

我们在其他的书中说过："你的内在小孩渴望父母是可靠的，是爱意、安全感、关怀、认可、支持和鼓励的源泉。这完全合理。对母亲的需求和对父亲的需求是全人类共有的。然而，请告诉你的内在小孩，世界上并不存在绝对意义上的好父母。人类生来就是不完美的，但可以追求完美。用'成为更好的父母'的承诺去安抚他，让他对你的失败保持冷静，也提前告诉他，有时你可能忘记他，忽略他的恳求，背叛或伤害他，但你最终总会带着爱回到他身边，同时你也深知伤害他的事情也会伤害到你。"[138]

自我养育对为人父母来说，也是一种很好的练习。在父母的爱和信任之中不断成长的孩子，会发现自己拥有不可思议的力量去消化各种关系中伤害他的事情。父母若有勇气承认自己的错误，不仅不会有损颜面，反而会因为展露出更真实的人性，在孩子面对真实世界的过程中实际地帮到他，让他能够好好地成长。与父母结盟的孩子总是能够辨认出哪些是伤人的，哪些是鼓舞人心的。因此，他也会更独立自主，学习如何区分哪些情况可以自己处理，哪些情况需要寻求外界帮助，能够对他人有所信任，取得实际的支持。能够意识到这些的父母，便有能力做小孩的榜样，给予孩子正确的回应。

自我养育，如同父母和孩子组成了携手同行的神奇联盟，足以滋养干涸的心灵。通过成为内在小孩的最佳盟友，人们从这个联盟之中获取了另外一种无比宝贵的资源：重写人生履历的能力。

重写人生履历

在最近的一篇文章中，心理学教授尚塔尔·普露（Chantale Proulx）发现了某些孤儿之所以有着独特人生轨迹的线索："许多影响世界的神秘主义者、杰出的研究人员、高明的艺术家、著名的哲学家在出生时或在出生后的头几年就失去了母亲。"[139] 如同以下两个例子所展示的，我们在许多孤儿身上发现了某种自我养育的特质。

首先是德肋撒·马汀（Thérèse Martin，1873—1897）的故事：她的母亲在她 4 岁时因癌症去世。这出悲剧变成了一次启蒙，德肋撒从很小的时候就开始了深刻的精神转变：她学习成为自己的母亲。这种重新养育在那个时代是独树一帜的经历，使她在精神上变得坚韧，支撑、发展和增强了她生命中的才能、精神力量和潜能。"[140]

其次是心理学家爱利克·埃里克森（Erik Erikson）的故事。他以身份理论而闻名，在他的人生履历中有一处值得人们注意的细节。他于 1902 年在德国出生，父亲身份不明，3 岁时被继父西奥多·杭伯格（Theodor Homberger）收养。他出生于犹太家庭，在 1932 年移居美国并申请加入美国籍。他也借此机会改名为爱利克·埃里克森，字面意思是"爱利克·爱利克之子"。从那时起，他就象征性地成为自己的儿子和自己的父亲。他认为，"事实上，自己的人生是属于自己的责任"[141]。

自我养育会让个体重写自己的人生履历，把错综复杂、混乱并且不完整的人生经历置于内在中心点。无论人们是否意识到了，每个前子女都在某种程度上仿照着前父母的经历过自己的生活。出于忠诚，前子女尝试修补不属于自己人生的裂缝。而相比其他人，孤儿也许更愿意书写自己的故事。不过，孤儿也可能陷入理想化的人生叙事中，也就是让父母因缺席而变得崇高。

成为成年人，就是成为失去外在父亲与母亲的人，要承担起对自己的人生道路的全部责任，不再遵循家庭系统所捍卫的官方叙事。官方叙事声称，父母了解并能够定义子女是什么人，宣称每个成年人都仍是父母的孩子。若我们把自己的处境想象成孤儿，就可以摆脱所有外部的亲职功能。这既是痛苦，也是解放。

因此，个体可以重新调整自己的真实经历："一个人虽然不能改变自己的过去，但可以改变与过去的关系。通过挖掘源图像中保存的缺失片段，我们可以重写与过去的关系。无论痛苦还是快乐，源图像都能够与童年时掩盖了真实经历的、占主导位置的人生履历相抗衡。"[142] 内在小孩疗法的好处之一就是能够将源图像显现出来，人们因此可以重写完整的人生履历，让它在时间和空间上是连续不断的，并且具备新的、丰富的生活场景。

源图像是真实的或想象的童年经历在身体上留下的印记。治疗师的治疗重点在于让内在图像和身体感受（自我表征的支柱）显现出来，推动新的人生履历涌现："在此过程中，当内在小孩的观点被放回故事的核心，被考虑和倾听时，源图像就会被整合并在个体的真实人生履历中重新获得属于自己的位置。"[143]

继续做父母的孩子会阻碍个性化的发展，而重写人生履历说明每个成年人都有能力创造自己想要的生活。

终结过去

终结过去首先意味着离开父母并且走出家庭。然而，"离开"——为了成为自己而必要的分开——如果唤醒了"启程"，那么它也会唤醒"回归"。没有人能活着却没有过去或没有根基。

所有的神话故事的主人公都在以不断探寻的形式重返起点，开启成为成年人之旅。这也正是托尔金的传奇故事中的比尔博·巴金斯和他的侄子弗拉多、荷马的《奥德赛》（*L'Odyssée*）中尤利西斯等的"离家－返家"之旅。所有的神话故事都揭露着一个真相：当你返程时，一切都不再是原来的模样。唤醒内在的成年人会让我们找到与内在小孩重逢的契机。有幸再次见到内在小孩的人会变得十分成熟和具有判断力。这一旅程能够彻底改变与自己的情感纽带的本质，揭示一种与他人结盟的新方式。

有些人永不离开，有些人永不返程。我们不对个体的旅程做出任何带有偏见的评判。无论成功与否，每个人的心中都铭刻着"寻求"。当回到前父母身边时，前子女不再是前父母过去的果实，他将与自己有着最强烈的情感联结，也会勇敢地宣布和前父母建立新的联盟。前子女知道每个人都是完全自由和负责任的，这就是为什么前子女能够认识到人际关系存在界线。

终结过去虽然不容易达成，但可以告诉自己：我不了解我的前父母，他们也不了解我。接下来，一起看看究竟是什么样的过往，在此时此刻成就了今天的我们。

第八章

亲情纽带的多元表现

　　如果我们有能力调整所处家庭系统的规则，我们就可以给所有的家庭成员一个改变的机会。连接我与他人的情感纽带，使我痛苦的那些场合和原因，同样也能够成为我和他人的自由之路，这一点毋庸置疑。

——莫尼·埃尔卡伊姆

从亲子纽带到本体纽带

情感纽带的深刻影响

没有一个人能够独立于他人而存在。人类在各方面的体验都围绕着与他人建立的情感纽带而展开。婴儿依恋父母是为了生存并得到生命所需的爱与关怀。在成长过程中，孩子通过得到父母的认可完成自我构建。父母的目光就像一面镜子，让孩子从中发现自我。孩子就像一块海绵，吸收着家庭系统中存在的情绪、表征和无意识的信息。然而，这种自我构建并不总是消极而被动的，因为孩子不是一个等待被填满的容器。在与父母和家庭形成的纽带中，他有能力接受或拒绝一切想要定义他的东西。

每个生命天生就拥有观察意识和意志的中枢，我们称之为"内在向导""小孩之心""自我"。它不在外部世界能触及的范围之内，而是通过自我超越表达出来，人们通常从童年起就能够强烈而短暂地体验到它。它是内在真相的守护者，是无形又真实的存在。而"内在小孩"是理解和触碰生命内心深处的最有效的比喻之一。爱利克·埃里克森指出："人类的内心深处不只有一种身份……事实上，每个个体都有一个可以超越社会心理身份的'我'……在面临社会心理的侵犯时，这种纯粹的身份仍可以毫不受损。"[144]这种侵犯始于家庭，壮大于学校，并在成年生活中无孔不入。

　　情感纽带对生命的存在有着意味深长的影响，让个体从根本上能够更好地生存和有意识地成长。然而，许多人仍然以他们在人际关系中所拥有的情感纽带来定义自己，因此无法区分真实的自己与人际关系所定义的自己之间的差别。

通过情感纽带自我定义

　　根据与父母的情感纽带定义自我是一种自发行为。有些人就是会不自觉地联想到父母的身体特征、社会位置、遗产、强烈的情感、品质、价值观、习惯、政治观点或品味，这种"相似感"无意间增强了家庭的凝聚力和延续性。人们既不质疑父母遗产和家庭传承的分配方式，也不会对一些人要求继承遗产的执拗态度表示疑问。执着于依靠父母形象来定义自我、谈论自己或证明自己的想法是一种很普遍的现象，但这通常也值得人们警惕。如果你相信并肯定自己和父母相像，那么你就会低估他人和你当前的人际关系对你的人生进程起到的作用，从而把主要的外在影响排除在外[145]。

　　对建立自我意识和看清内在真相而言，在同化（assimilation）与分化（différentiation）之中找到平衡至关重要。因为在某些情感纽带的影响下，个体可能贬低、缩小、限制自我，甚至消除自己的部分力量和个性化的源泉。

如同乔西安的情况：

"童年和青春期的我夹在酗酒的父亲和无助的母亲之间，漫长又痛苦。我生活在一个支离破碎、混乱不堪的家庭里，'亲爱的，我爱你'和'你一无是处'这些完全冲突的话总是交替出现。

"我在青春期得了厌食症。我无视父母具有破坏性的那一面，这样我就能记住他们最好的那一面了。30岁时，我找到了自己在青春期时写的秘密日记——是在我14岁到18岁时写的。再次读到它，我才发现自己那时候有一种不可思议的力量，头脑也非常清醒。我言辞犀利，对周围的恶意毫不妥协。这才是真正的'自我'的表达。我隐藏起了这部分自己，继续按照父母要求的样子约束自己，扮演'一条无助而可悲的生命'。就是从看完日记的那一刻起，我改变了自己跟别人的关系。我敢展现善意、激情和快乐的一面了。我的情感纽带得到了滋养，我也慢慢摆脱了饮食失调的问题。"

美国心理学家马尔科姆·斯莱文（Malcolm Slavin）和丹尼尔·克里格曼（Daniel Kriegman）认为，即使被迫适应，个体也仍会保留内在的独特性，让个体能够防御身边的人及这些人带来的不可避免的侵犯。他们认为，通过暂时隐藏真实的自我可以保护自己，使自己免受他人的影响。事实上，"社会环境不应超出一定限度来定义自我……因为社会环境从来不是中立因素，也不完全是盟友"①。乔西安的经历证实了这一点。她的秘密日记保留了真实自我的踪迹，斯莱文和克里格曼如此定义："真实自我是一种普遍又独特的存在，最大限度地使真实自我现实化，可以让每个个体都展现出蓬勃的生命力，或者在自己的人际关系中产生一种踏实的归属感。"[146]

只要个体仍然依附于父母形象，期望得到未曾得到过的一切，隐藏自我的行为就会一直持续到成年[147]。在隐藏自我时，个体尚未反思自己在家庭系统中的地位和功能，他忠于老一辈要幼辈承接的责任与负担，缺乏自己的判断，因此慢慢地远离自我，作为遵守家庭传统规则的个体继续生活。

个性化必定涉及人际关系，这是一种通过满足自己被认可和被接受的需求，从而在人群之中做自己的艺术。如果一个人在原生家庭中不可能实现（或说不可能完全实现）个性化，那么他到别处寻找其他能实现个性化的归属地，也不是什么坏事，甚至可以说是明智的行为。

有些家庭会传递"外面的世界很危险"这样的信息。对这些家庭

---

①　此为约翰·布拉德肖在其作品《发现真价值，迈向完整性》（*Découvrir ses vrais valeurs et cheminer vers l'intégrité*）中引用的斯莱文（Slavin）和克里格曼（Kriegman）的表述。——作者注

而言，不管孩子多大，生活中的困难和不确定性都是绝对应该被避免的风险。这样的家庭倡导封闭式的集体生活，然而家庭的健康发展要求家庭对内部信息（家庭成员按照个体自由意愿传达）和外部信息（外界及他人对家庭的影响）保持一定的开放性。

离开家庭的个体，与其说是逃离充满敌意的家庭环境，不如说是在寻找自我。自我的诞生意味着个体要走出原生家庭背景。你当然能在家庭之中自我感觉良好，但如果不踏上如同众多神话故事所讲述的"离家－返家"之旅，你就无法成为你自己。成为你自己就要放弃其他家庭成员对你下的定义。

你的内在小孩天生处于世界中心。"我就是世界"震颤于他的心间，让他与世界联结、融入并扎根其中。他的想象力推动着他跨越父母叙事和家庭界限。现在，你可以看清亲情纽带之环，开启个性化之旅了。

亲情纽带之环

当我们谈及前子女与前父母的关系或家庭成员之间的关系时，爱通常被视为家庭团结的力量。但实际上，亲情纽带比爱的感受更深刻。建立情感纽带是最初的结盟体验。在这一过程中人们相互团结，但并不因此定义彼此，或只是定义彼此的一部分。人们不应该因为相互依存就忘记了自己在与他人的情感纽带中，对空间、自主和自由的需求是多么巨大。

为了满足这些需求，成年人会思考情感纽带的不同维度，从做出无意识行为（被动接受、被动体验的纽带）转向自主抉择（在信任和完整的状态中主动选择并培养的纽带）。情感纽带决定了个体在人际互动中的地位（以及互动方式）和实现的功能（以及实现方式）。因此，每个人都要弄清楚自己与他人之间的人际关系的结构与脉络。

追求个性化就要经历穿越五个维度的纽带之旅。这给了成年人三大考验：出发、启蒙和返程。以下展示的亲情纽带之环总结了这一旅程。

亲情纽带的五个维度呈现在每个个体身上。它们是英雄在冒险之旅中的必经阶段。你想成为自己生命中的英雄吗？英雄是一种典型的概念，是一个深入人心的形象，它"对社会和个体而言，承载着解放和成长的普遍轨迹。……对孩子来说，英雄帮助他们成长。对成年人来说，英雄帮助他们自我实现"[148]。

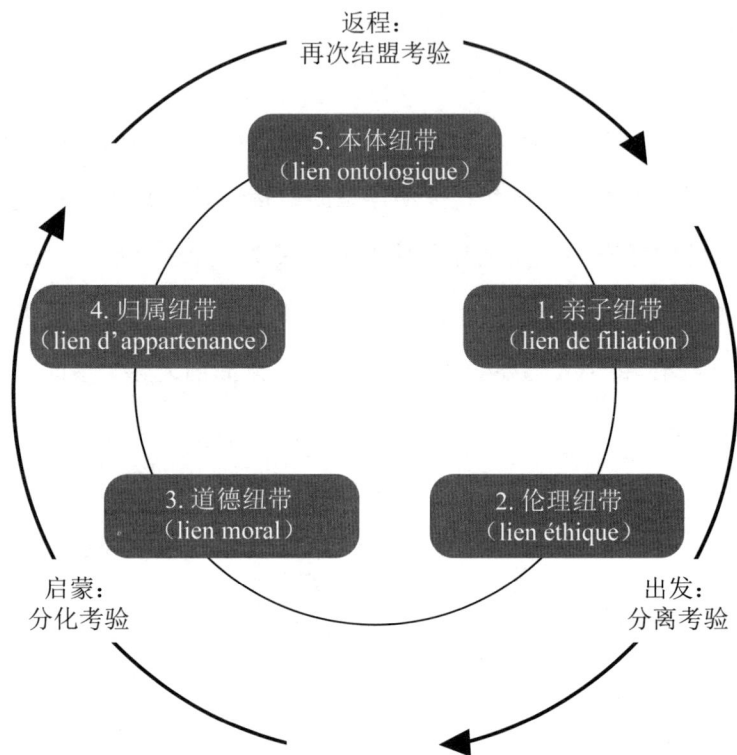

返程：
再次结盟考验

5. 本体纽带
（lien ontologique）

4. 归属纽带
（lien d'appartenance）

1. 亲子纽带
（lien de filiation）

3. 道德纽带
（lien moral）

2. 伦理纽带
（lien éthique）

启蒙：
分化考验

出发：
分离考验

亲情纽带的五个维度

亲情纽带的五大维度 ①

亲子纽带：出生叙事

即使在没有生物学纽带的情况下，亲子纽带也能够满足一个人对家庭归属、经历归属的需求。孩子的成长得益于出生叙事。他希望知道自己来自哪里，如何被孕育，他的到来是否被期待，以及他是怎样被迎接到这个世界上来的。孩子对周围的一切充满渴望：渴望了解天空、树木、花朵等一切的起源。他之所以深究这些问题，其实是因为他好奇自己在这个世界上的归属。孩子一旦知道自己来自哪里后，他就能出发去探索其他领域了。

然而，这种自发的亲子纽带并不能促进个体心灵的解放。例如："我姓杜兰，我是杜兰家族的子孙之一，这个家族从祖先到我父母这一代世代传承。"这一自发纽带提醒、强调并证实了父母在家庭关系等级中的权威，并将长幼关系正当化。在这种观念的影响下，父母可以主导孩子的人生方向。

---

① 此处受到妮科尔·普里厄于 2017 年 12 月发表在《心理学年报》（*Psychologie Magazine*）上的文章《家庭纽带的五大维度》（*Les cinq dimensions du lien familial*）中的表述的启发。——作者注

伦理纽带：馈赠和债务

给予、接受、回报构成了伦理纽带的基本要素并自然地催生了忠诚。危险的是，子女要永远活在对父母的感恩和满足他们对子女不公平的期望之中。处在伦理纽带中的子女，试图偿还根本不可能被偿还的债务，永远不会想到离开父母。所以，子女必须跨越这一纽带。为了达到自我解放，前子女会有对家庭不忠的表现。这样的"背叛"纵使让人感到不舒服，但至少可以做到忠于自我。

妮科尔·普里厄补充说："这对父母来说也不容易。为人父母，也许就是准备好被拒绝，并以另一种方式和孩子再相见。……父母要准备好接受失去那个自己幻想之中的理想的孩子，要接受自己不再作为母亲和父亲，也不能再顾影自怜，认为对孩子而言自己一直是'好'父母。"[149]

自发的伦理纽带使前子女被困在无力偿还的永恒债务之中，并且使前子女误认为只要给予自己的子女同样的付出，就可以偿还自己的父母。伦理纽带因此延续下去。就这样，一代又一代，每个人都成为自己上一辈人的债务人。例如："我的母亲为我牺牲了自己，为了照顾我，她放弃了自己的工作，把所有的注意力都放在了我身上。这一切都是我欠她的，我欠她欠得太多了。"

道德纽带：价值观的传递

道德纽带基于家庭系统的表征和价值观的传递。这笔共同财富将家庭凝聚在一起。开放并且尊重他人的家庭价值观能够提高孩子的道德智慧。捍卫价值观，并不能只靠花言巧语，而是要采取和自己所捍卫的原则一致的行动。孩子作为完整的个体，会因父母的言行不一而感到痛苦。

对儿童道德智慧的探索是一场真正的革命。它深刻地改变了成年人对童年生活的看法，并颠覆了现有的教育实践。教育没有强制权，也不能流于宽纵。在系统而自由、严谨且开放的环境中，孩子天生就是热情且专注的，也乐意与他人合作。

自发的道德纽带为了让家庭变得不可分割、不容置疑，将许多刻板的价值观强加于家庭中的每个人身上。这种刻板的价值观常常会掩盖家庭内部的狭隘和苛刻。在自发的道德纽带中，价值观沦为了空洞、刻板的宣传口号。例如："家庭是神圣不可侵犯的。我的父亲、母亲、兄弟姐妹无论做了什么，都可以依靠我。"

归属纽带：共同的仪式

归属纽带会因为某种需求或某种情感而表现出来，是一种巩固家庭成员之间的默契与凝聚力的共同仪式。然而，仪式如果只为增强凝聚力服务，就会变得贫乏，失去意义。健康的归属纽带会让每个家庭成员尊重他人的情感利益，让每个人都感受到自己被承认，自己的独特性受到认可。

自发的归属纽带赋予了"家庭"这个词难以估量的权力。归属于家庭成为一种终极目标，仿佛归属于自己的家庭就等同于成就自我。例如："我的家人比任何人都更理解我。他们是唯一真正了解我并且能够接受我的人。"

本体纽带：认识每个人的独特性

本体纽带在于承认和接受每个家庭成员的独特性。这一纽带的发展需要在真诚的关系中才能展现出来。本体家庭（即看重个体生命的家庭）的资源服务于孩子，成为孩子敢于实现自我的支柱。本体家庭会陪伴孩子探索自己，为孩子的敏感性和需求提供支持，促使孩子发展出自己特殊的能力。本体家庭所具备的团队精神意味着团体支持每个个体的独特性，滋养所有人。它比较容易接受家庭成员的离开，认为这是拯救和再生过程的一部分。

然而，在自发的本体纽带中，个体的独特性有可能仅被部分地接受，最终还是要服务于团体。例如："我出生于一个公务员家庭。我学艺术，也很喜欢艺术，但我最终还是回归理性：现在我是一名公务员。"

亲情纽带中的冒险之旅

对英雄来说，亲情纽带中的冒险是一次"离家－返家"之旅。这是他向往自由、寻求内心解放的生命探索阶段。他离开家庭——因为在那里他根本无法做自己——去与其他人共同生存。一旦达到一定的平衡点时，他就可以再次回归家庭，并且不会再有出现退行或迷失自我的风险。此阶段可能诞生出新的联盟关系。英雄重塑了自己与内心的适应小孩的关系，获得了自我解放，变得更加成熟和清醒。从许多方面来看，这种自我超越都是复杂的，它不是一个决定或一种意志坚定的成果，而是个体历经三大考验后，产生的综合性的结果。

- **出发或分离考验**：不得不成长的人调动所有的能量出发，"这是逐渐完成的，需要好几年，甚至一生的时间，它意味着要对在成长过程中头二十几年所经历的一切提出深刻的质疑。随着自我解放的到来，家庭和集体对个人的影响逐渐退场"[150]。分离考验需要打破能够唤起亲子情感联结的（真实的或幻想的）童年形象。出发是为了与真实潜力的重聚，而父母无论多么细心，都很难察觉到这种潜力。刚刚成年的人通常因为结识良师益友、恋爱或出国旅行而察觉到这种潜力，才会对离开家的意义有所领悟。

- **启蒙或分化考验**：分化不是一种选择，而是成为英雄和自己人生创造者的必要条件，是从不对等的阶级关系中得到解放的人生关卡。它让倾向于服从上级权威（父母、雇主、精神导师等）、家庭和社会规范的个体质疑这种既定秩序。这些对社会规范有所抵抗的个体，比较不会循规蹈矩，也比较有创造力[151]。在遇到困境时，他们能快速找到意想不到的有效解决方案。自我解放的个体通常会被扣上"以自我为中心"、"叛逆"甚至"危险"的帽子，但他们却是能够使整个社会重新再生的人。分化考验帮助个体在与社会规则互动的过程中培养个人意识，增强传统观念中的道德感。分化的个体并不是反对权威，而是捍卫"所有生命形式都不可侵犯"的观念。他在所有人际关系中都同时运用正义行为准则（公平及尊严平等）和关怀行为准则（照顾及同情）与他人互动。

- **返程或再次结盟考验**：要面对前父母的成年人是前子女，后者只有充分地过自己的生活，认识各种局限性和可能性，才能够建立新的前子女与前父母关系。在更平等的交流中，前父母可以向前子女学习，反之亦然。在健康的前子女与前父母关系中，双方不会否认过去，而是承认新规则从现在开始发挥作用，以此终结过往的篇章。一旦被双方接纳，这些新规则就会开辟一个新的关系空间。再次结盟的想法令人振奋，但过程并不容易。为了建立健康的新联盟，前子女要承认他对自己的父母其实并不是很了解。孩子与父母的关系是一种十分复杂的关系，由自发的亲情纽带、特有的形象和家庭规则组成，而这些因素时常会使双方的形象失去一部分人性。

重赋父母人性

父母形象

尚塔尔·普露表示，人的行为是有原型的，也就是说，人们的行为有强大的形象作为参考[152]。这些原型来自母亲、父亲、儿子、女儿之类的人，但它们的影响力被严重低估了。这些原型以无意识内容的形式影响着每个人。根据经历、个性和所处原生家庭的文化，每一个人都或多或少会受到这种或那种父母形象或孝子形象的影响。

55岁的雅勒在研究母亲的形象时，一口气写下了一段这样的文字：

"谁是最漂亮的人？是妈妈。——自从我能说话以来，这个仪式几乎每天都在进行。妈妈在浴室里化了三十分钟的妆，然后走出来，我的目光就紧随着她，她是我最仰慕、最崇拜的人。'妈妈'对我来说是一个有魔力的词。从我很小的时候起，它就吸引着我，让我倾倒，让我迷恋，也让我害怕。我依靠她的反应理解我的行为、思想、言语和感受的意义。从我出生起，我就完全属于她。她支配我的一切，一想到使她失望，我就无比恐慌。妈妈，她很强大，她无所畏惧，她敢做任何事，她知道一切，她令人惊讶，她有很多点子，没有什么能阻止她。她是名副其实的勇者。我永远不知道在她身上会发生什么。我努力迎合她的期望、要求、指令、要挟，承受因此产生的痛苦。从 5 岁起，我就开始制订策略来预测她可能在期望什么。尽管我投入了全部精力、创造力、注意力和忠诚来为她服务，她却永远都不满意。她总是想要更多。她总是改变主意，我完全不知道该怎么办了。"

　　通过重读这些话语，雅勒更加理解了她在与母亲的关系中经历的痛苦。成年后，她仍然被小女孩的形象催眠，继续满足她强大的母亲的一切期望。这种关系模式使雅勒一直面对着母亲非人性的一面，保留了母亲作为"怪物"或"皇后"交替存在的形象。面对母亲本身的双重形象，她感到很无助。陷入恶性循环的她加倍努力地讨好这个给了她生命的人，却没有任何回报。有时候，妈妈会对她说"亲爱的，我爱你"，结果却是为了更加任意地否定她。雅勒仍被困在想象的、过时的母性形象中。她补充说：

"即使在今天，当我想起我的母亲时，我身体的某处还是会感到恐慌。我害怕她抛弃我。"

每个孩子都会把某种依恋关系和想象中的父母形象内在化，用来建立基本的亲子关系模型。这些元素通过一种由动作、视觉和听觉组成的整体意象持续存在，继续催眠成年人并影响他与他人缔结情感纽带的方式，而前文提到的幼儿恍惚状态正是这一现象的直接后果。

父母形象也是一种原型，由属于集体无意识的元素组成，这也可以解释它的非人性维度。对孩子来说，父母就像神一般存在。这一视角隐秘地存在于每个适应小孩的心中，赋予了父母远远超出人类现实的品质和力量。比如，有些母亲先是被子女视为圣人，随后又被前子女持续想象成完美的形象。

与父母的人性维度有过接触的孩子能够很快学会如何接受人类的不完美。父母如果能接纳自己的优点和缺点，就会教导子女也这样做。我们在家庭心理治疗中经常发现，孩子在需要与人性化的父母进行沟通时，却只接触到了父母的亲职功能。有太多时候，专注于成为好父母的人会将自己困在父母角色中。他们会戴上"能够处理好一切"的面具，隐藏自己的疑虑、自我能力的局限以及可能犯下的错误。面对戴着面具的父母，孩子也会习惯性戴上面具，选择做懂事、听话的孩子，或爱折腾的、恶魔般的孩子。他会认为维持撒谎的态度比说出真相更能讨好人，更能继续在父母面前扮演父母所期望的那种幻想中的孩子。

孝子形象

前子女仍在被父母形象催眠，前父母也没有放弃在前子女身上投射孝子形象。对神话的误解导致人们相信孩子可以为了父母、长辈或整个家庭的利益做任何事情或承受一切。

"孩子无所不能"的观念直接受到"神的孩子"的形象启发。你在许多神话中都可以看到具有非凡能力的少年英雄，如吉尔伽美什、赫拉克勒斯、亚瑟王，等等。

少儿英雄神话通常都有以下这些相似的故事情节[153]。

- 孩子流亡在外，但出身高贵，是国王或神的后代。
- 预言宣布了他的诞生，并且有迹象显示他的出身非同寻常。母亲的受孕或妊娠期具有神奇色彩。
- 孩子很快就独自一人或被交给自然力量，被遗弃在非常恶劣的生存环境中。
- 既定秩序的代表试图杀死被视为威胁的孩子。
- 孩子在成长过程中受到各种启蒙，认识到了自己的本性，并接受了自己的使命。

- 孩子回归原本的身份，革新周围的一切。他是领导者，是指挥者。旧秩序逐渐消亡，新世界诞生。

大多数人喜欢神话故事是因为它们的积极色彩。在他们看来，少儿英雄乘风破浪，凭借自己惊人的天赋树立起了威望。然而，神话是象征性的，它们不保证物质性成功，也并没有证实任何凌驾于他人或世界之上的魔法力量。神话叙述的是有关原型自我的体验。对荣格而言，"原型自我的体验可以打败意识自我"[154]。因此，神话是一段在阴影、在意识隐藏区域之中的旅程。它描绘了人在成功之路上必须经历的基本心理转变。

在神话中，英雄的神奇力量并非人类属性，而是一种原型自我的召唤。神话讲述的是一个剥下自恋、幻想和伪装的外壳，再次成为完整的人，在原型自我的启发之下，成为一个有灵魂的生命的过程。神话唤起的是从潜力（这可能是绝对的）到现实（这是具象的）的转变。在此过程中，脆弱和不完美是必然存在的。英雄唯有接纳这两者，才能找到自身充分发展的最佳途径。在此过程中，他自然而然就能摆脱虚幻的父母形象和孝子形象。

这些内在形象并不真实，它们只存在于想象之中，而且早已过时。它们所呈现的个体的伟大和无所不能的那一面让个体显得更无人性。

追求真实性的个体只有放弃非人性的那一面，才能促进不完美但趋向完美的健康人际关系的发展。

摆脱内在形象

父母形象和孝子形象被两种相反的、极端性的力量强化，一种具有创造力，而另一种则具有破坏性。孩子在构建自己内在形象的思考模式中，会因为这两股力量的划分，极端地放大成为自己幸福源泉的积极事件，或者将负面的经历视为所有不幸的来源。父母如果能够接受自己的不完美之处，孩子自然而然就不会过度理想化或过度贬低父母与自己。他的内在形象就会变得更加公平、平衡，也更具人性化。

固化的内在形象往往是前子女与前父母关系中问题的根源。前父母或前子女被过度理想化或被过度贬低，就会分散人们对现实真相的注意力。自发的情感纽带因此维系。为什么要保留好母亲、好父亲、好女儿或好儿子的幻想，或相反，要保留坏母亲、坏父亲、坏女儿、坏儿子的幻想呢？很简单，就是为了避免触碰到内心小孩最原本的痛苦。

人类天生就对身体和心理上的痛苦有一种逃避机制。然而生死之苦不可能被避免。除了被赋予的意义，苦难本身其实没有任何意义。它能带领我们通向我们尚未被发掘的内在秘密空间——被遗弃又迷失自我的内在小孩就在那里，他在流亡，饱受惊吓。与自己的内在小孩重逢能唤醒无比宝贵的资源：同情心。

内在冲动促使成年人在情感纽带中体验真正的成熟。摆脱父母形象和孝子形象是这种成熟的一部分。所有人类情感纽带只有基于同理心、关怀和同情心才能蓬勃发展。同情自己原本所遭受的痛苦会增加个体的责任心，帮助个体获得自由。

同情心、责任心和自由

同情心与人类本质有着深入而密切的联系。无论对哪一方而言，为了实现自我转变，前子女与前父母的情感纽带中都需要它的出现。同情心不是一种品质，而是一种美德，能够让生命和人际关系重新变得人性化，重新描绘父母形象和孝子形象的轮廓，将两者放回正确的位置。

人天生富有同情心，但由于受到虐待、与外界隔绝以及被功能所设定，就丢失了这一美德。同情心与自我、他人的意识联结植根于成熟的个体之中，而且，自我在与他人的意识再次联结的同时，同情心会把自我从他人的意识中解放出来。

那么，富有同情心的个体会在人际关系中经历哪些关键阶段？

- 认识并体验童年痛苦的合理性。

- 对童年遭受的不适当、不可接受或犯罪行为感到愤怒。

- 照顾受伤的内在小孩，成为自己的父母。

- 通过象征性地归还父母的暴力行为，解除对父母的神化，让他们获得自由并再次让他们对子女负起责任。

- 考虑前父母也会有自己的内在小孩，以友善的态度对待他们。

- 将自己当作"前子女"，将自己的父母当作"前父母"。

- 制订改善家庭关系的新规则。

- 在前子女与前父母的关系中投入精力，同时保持适当距离。

- 定期重新调整前子女与前父母的关系。

同情心不是简单地让自己和／或他人共同承担痛苦的能力。作为一种美德，它毫无偏颇地考虑所有人根本上的脆弱性。富有同情心能让每个人在此时此地充分承担起自己的责任。

大多数前子女与前父母表现出的找借口或自我开脱等轻视个体责任感的行为都是缺乏爱和同情心的表现。责任两个字太沉重，让人必须独自面对孤独，有时还会使人面临羞耻、内疚和无助感。但是无论与他人多么亲密，每个人在面临生存和死亡等基本问题时都是孤独的。尽管如此，责任感还是要通过与他人建立关系才能培养起来。

一个人通过以下方式学习并承担起自己的个体责任 [①]。

● 他人对我的言语和行为的看法。

● 我的言语和行为给他人带来的感受。

● 我的言语和行为引起的他人的意见。

● 我的言语和行为对我进行自我评判产生的影响。

一个人可以通过这些方式，从他人的反应中体验到自己被欣赏、被爱、被尊重、被评判、被害怕等的程度，通过自我评价塑造自身形象。

在亲子关系中，责任的落实往往是单向的。孩子在认识自己的过程中，会依照父母的标准来评判自己行为的后果。在家庭心理治疗中，当我们让孩子表达他对父母行为的看法时，一些父母会很吃惊。父母似乎常常期望得到孩子无条件的支持，好让他们可以任意行使亲职功能。父母并不愿意评估自己的言行对有关当事人（也就是他们的孩子）的影响。但责任的落实不能是单向的。

一些父母认为，如果不对孩子的个体责任加以限制，孩子就无法履行其对父母的责任。他们更多的是教育孩子服从，而非自主识别对错。家庭心理治疗师杰斯珀·尤尔表示："从这个角度来看，如果考虑

---

① 此处受到欧文·亚隆的作品《存在主义心理治疗》（*Existential Therapy*）所描述的责任进程的启发。——作者注

到我们的社会心理健康和生存健康，我们就要承担起个体责任，这是
取代对父母的服从的唯一方法。"[155]

　　孩子需要父母的陪伴来为他树立价值观、满足需求、认识局限和
提供保障。这种个体责任会给孩子提供接纳或不接纳他人言论的自由，
判断他人言论是否有效的自由，以及根据自身敏感性进行自我定位的
自由。这样，孩子才能在成长过程中坚信他可以在考虑他人的同时活
出真正的自我。杰斯珀·尤尔总结说："因此，能够确定自己的一套价
值观并将其作为自我管理的方针，对个体而言无疑是一个很好的机会。
希望今天我们已经做了更好的准备，让孩子们比曾经的我们更能享有
这种自由。"[156]

　　在一个家庭里，当交流伴随着同情心、责任感和自由时，家庭规
则会变得更加灵活，亲子关系也会变得更加紧密。

联盟新规则

　　在前子女与前父母的关系中，健康的规则应当是明确的并且可调
节的，能为双方提供区别于从前形象（父母形象或孝子形象）的做自
己的机会，让他们可以自由表达，可以察觉他人的感受，对自己的选
择负责并尊重自己的独特性。有一些联盟规则经常不被了解或被误解，

它们实则是有助于建立令人安心的情感纽带的。这些规则是各种权利，能在个性化需求（分化和自主）和归属需求（合作和相互依赖）之间创造平衡。它们在家庭系统的成员之间孕育积极和有意义的关系方面发挥着重要作用。

犯错的权利

子女需要真实的父母，这样的父母能够认识到自己的错误，并纠正亲子关系中的不合理之处。子女热切地希望父母是大人，也就是说是两个对自己忠诚、负责任的成年人，并能够在必要时评估、改进、下定决心质疑自己。同样，子女也需要犯错的权利。杰斯珀·尤尔坚持认为：“我们没有责任监督我们的孩子不犯任何错误。相反，我们有责任允许他们犯错；他们如果不犯错，就无法学习。”[157]父母应该尽到的责任不是教育孩子，而是引导孩子“知道如何在现实中生活”①。

成为成年人意味着要学会犯错：“你必须先播种才能发芽！”[158]犯错是人生学习的重要一环。心理学教授卡罗尔·德韦克（Carol Dweck）对两种不同的思维模式，也就是两种截然不同的理解教育的

---

① 心理学家迪迪埃·普勒（Didier Pleux）在他的《当代父母教育手册》（*Manuel d'éducation à l'usage des parents d'aujourd'hui*，奥迪尔·雅各布出版社，2004 年版）一书中的表达。——作者注

方式做了区分。固化型思维模式的人的特点是对自己能做什么或不能做什么保持"静态"看法。他把重心放在寻找正确的答案并避免错误之上。面对困难，他比其他人更快放弃。他难以忍受批评，并感觉负面反馈是一种威胁。对在固化型思维模式下长大的父母来说，犯错似乎是难以忍受的。他们喜欢为自己辩护或保持沉默。相反，成长型思维模式提倡的是谦虚和乐观的心态。具有成长型思维模式的人会将错误或困难视为发展的机会。

作家本杰明·巴伯（Benjamin Barber）说："我划分人群不是根据强弱或成败，而是根据学习者和非学习者。"每个人都有犯错的权利，而强迫他人接受自己的视角或规则，以此纠正过去的错误，只会损害亲情纽带，伴随着"你本应该……""你本来可以……""今天你应该……"等话语，亲子双方会陷入徒劳的争吵。亲子双方不能带着修复过去的期望或要求来建立新的联盟。前子女的要求可能冒犯前父母认为自己绝不会出错的观念："我不允许你评判我""我已经做到最好了""都已经这样了，反复想过去的事情也没什么用"，等等。一个不接受前父母犯错的前子女，难免是因为自己有着一对声称从未犯过错的前父母。

拥有犯错的权利，能让每个人看清自己的局限性，能激发发展自我的想法并培养坚韧的品格。这项新规则是一种肯定，让人们确认可以一起学着重新开始，重新缔结更加尊重个人需求的情感纽带。允许犯错，同时也可以激发子女与父母之间的相互认可。

表达自己感受的权利

谈论别人似乎比谈论自己更容易。亲子双方要学着用语言表达并分享内心经历。在心理治疗中，我们陪伴着每个人说出他的感受（感觉、情绪）以及他的基本需求和人际关系需求。这对改善人际关系至关重要。

真正的交流需要有倾诉和被倾听的空间。为了表达自己的感受，你应该学习以下基本原则。

- 没有人比我更了解我自己的感受。
- 我需要时间和空间去探索并说出我经历的事情。
- 我需要倾诉并让别人倾听我的感受。

在许多家庭中，子女的感受很少被倾听和被肯定。他说服自己这些感受都是不合理的，然后不敢再表达。因此，成年后，他只有通过表达自己的感受并得到他人的确认，才能真正感到自己被认可。他人的确认包括重复表达者的原话。例如：

- 前子女表达：当你批评我的配偶时，我觉得你没有尊重我。

前父母确认：我听到了，当我批评你的配偶时，你觉得我没有尊重你。

- 前父母表示：当你告诉我该怎么做时，我觉得你不尊重我。

前子女确认：我听到了，当我告诉你该怎么做时，你觉得我不尊重你。

没有人能够准确无误地理解他人的感受。因此，要确认每个人都被倾听和被接纳，确认自己可以感同身受，而不会让他人觉得受到评判。在前子女与前父母关系中，确认体现了双方表达自己感受的权利。

愤怒的权利

为了建立前子女与前父母的新联盟，暴力问题不能也不应该被回避，因为它是家庭系统和人际交流的核心问题。每个成年人都有责任对任何形式的暴力感到愤怒。对它轻描淡写只会淡化个体的人际关系能力。我们在其他书中曾指出："愤怒的力量能对任何不尊重生命的行为喊停。这不是说要与那些令你的内在小孩痛苦的人战斗，这反而容易让你可能执着于你所承受的暴力。关键在于，你要以内在小孩的名义，谴责伤害内在小孩的行为和言语，无论它们是有意的还是无意的。愤怒为希望和正确的行动开辟了一条道路。"[159]

　　每个成年人都有责任对自己童年忍受的暴力行为感到愤怒，否认或辩解那些行为是有害无益的。60 岁的纳塔莉吐露：

　　"在我所有的人际关系中，我总是乐于助人，让人开心。这种善意对我来说好像很自然，直到发生了一件令我痛苦的事。在一次家庭聚会中，我那坐在轮椅上的一把年纪的父亲突然十分生气。我想安抚他，他却朝我的脸打了一拳。我被这猛烈的一击打倒在地，我看着他，看到了他的仇恨，这是我长久以来拒绝面对的。我小时候遭受的来自父亲的所有身体上的暴力在那一刻都浮出了水面。我意识到我在任何情况下都是个好人的态度其实是一副面具。我一直告诉自己，爱比任何东西都强大，因为我的爱，我变成了最坚强的人，我不会遇到任何风险。这件事发生后，我开始表达自己的愤怒，不再做别人的受害者。我扔掉了'好女孩'的面具，只做自己。几个月后，我回去看望父亲。我笔直地站在他面前，第一次告诉他从童年起他所有的暴力行为在我内心造成的混乱。他什么也没说，但我对他也没抱有什么期望。我这样做是为了自己，也为了曾经的那个孩子。"

　　没有什么可以为暴力辩护，没有任何理由可以将暴力纳入人性的一部分，它是人类还不能融为相亲相爱的整体的铁证。愤怒就是揭露并谴责加在自己和周围人身上的暴力行为。斯特凡·埃赛尔（Stéphane Hessel）在他的一篇文章中说："告诉自己'暴力没有用'比知道我们是否应该谴责沉溺于暴力的人更重要。"[160]最邪恶、最不可接受的暴力就是涉及儿童的教育暴力。只有谴责自己小时候所遭受的暴力，揭露其无效性，个体才能成为成熟和负责任的成年人。消极地接受或者积极地合理化暴力，都是对人性的侵犯。

退出的权利

前子女与前父母的关系并非一条平静的长河。在建立一个新联盟之前，成年人要面对他的童年经历并接纳自己的内心真相。他要经历合理的愤怒，避免利用与前父母的关系发泄自己的痛苦。心理治疗为情绪调节提供了空间。在心理治疗过程中，短暂地与父母分离有时候是有必要的。心理治疗师伊莎贝尔·菲约扎说："当个体不再特别清楚什么属于他、什么属于他的父母，或者情感依赖已经太强烈时，选择完全断绝联系一阵子，可能可以为建立更好的新联盟关系奠定基础。……在一段时间内切断联络要好过相互伤害。"[161]在治疗中，每个人都要面对自己的过去，探访内心世界中隐秘的角落，穿越暴风雨，找到自己的一片绿洲。在这次旅程中，与父母保持距离至关重要。

尽管这对前子女和前父母来说是痛苦的，但退出的权利有时可以让你停止不断地重演同样的亲子争吵戏码。退出是情绪消化的过程。对父母感到羞耻、内疚、愤怒或仇恨父母等情绪失调是依恋关系有问题的表现。只要这些情绪失调得不到平息，建立新的联盟就是徒劳的。

退出的权利也意味着你有一个反思的时机，有机会感受在亲情纽带中什么是根本性的东西，并想象新的关系基础。你是追求讲道理还是渴望发展将你与他人联系在一起的东西？在不保持沉默或不否认他人观点的情况下，大多数时候，即使受到限制，你也有找到倾听空间和分享空间的可能。

有时，当个体的身体或心理健康面临比较严重的危机时，与父母暂时分离是开始接受任何治疗的必要前提条件。在少数家庭中，亲子关系受到了特别严重的损害，以至于子女和父母很难再次结盟。性虐待或其他严重暴力行为会在前子女的人生中留下不可磨灭的痕迹。在这种情况下，前子女就不能再见其前父母了，这是他们能够重修旧好的唯一前提。只有这样，前子女才能够获得平静。

不过，最好不要和所有的家人都断绝来往，这样反而更不利于修复关系。与比较亲的兄弟、姐妹、阿姨、叔叔、祖父母、堂兄弟姐妹等保持积极的关系足以让一个人与其家庭根源保持充满养分的联系。

退出的权利是个性化进程的一部分，因为它可以让个体与自己的联结更加紧密。在功能正常的家庭中，随着每个家庭成员个性化的加强，归属感和真实的亲密感自然也会增加[162]。

辞职的权利

个性化的过程与每个人都相关，无论是前父母还是前子女。对自身亲职功能没有认同感的前父母会渴望有一天辞去父母的角色。

在电影《危机》（La crise）中，导演柯琳娜·塞罗（Coline Serreau）拍摄了一个母亲、她的两个成年孩子（伊莎贝尔和维克多），以及她的丈夫之间的故事。母亲和孩子们之间进行了如下的一场对话。

母亲：维克多，你给我停下来，马上停下来！你闭嘴，听我说，就这样。你给我仔细听。你的工作问题，你跟你老婆的问题，你经济上的问题，你的日常问题和特殊问题，我，作为你妈，我不在乎这些，你听到了吧？我不在乎，我就是不在乎。我没法告诉你我有多不在乎。我真的没什么好在乎的，没什么，完全没什么好在乎的。

维克多：但是这让我怎么相信呢？我的亲妈不在乎我的问题？

母亲：我还有更"好听"的要告诉你。我不但不在乎你的问题，我也不在乎你妹妹的问题。我完全不在乎。等等，还有更好笑的。我也完全不在乎你爸的问题。

维克多：我简直是在做梦。说真的，我……我是在做梦吧。

母亲：不是的，不是，我的小聪明鬼，你不是在做梦。三十年了，我要管你们吃喝拉撒睡，安抚好你们三个的情绪；给你们熨衬衫，洗内裤，管你和你妹妹的学习。我感到非常焦虑，我活着只是为了你们。我听了你们所有的故事、问题、悲伤……但从来没有让你们听过我的故事。所以，现在，我要退休了。你，你还有很长的时间来解决你的危机，而我，留给我解决我的危机的时间不多了。所以，就这么一次，请你允许我优先处理我自己的事情。

维克多：你会毁掉整个家的，不不不，你会毁掉两个家的，就为了你和别人在床笫上的那点粗俗事？

母亲：哦，好吧，所以你的床事就是爱，我的床事就是粗俗事，对吧？

伊莎贝尔：是的，粗俗，很恶心！

维克多：但不管怎样，妈妈，这只是一时兴起，他比你小 10 岁，你们不会长久的！

母亲：但是我的小宝贝，这能持续多久就多久，对我来说都一样，哪怕只持续一个小时，我还是会这么做……总之，我从来没听说过两个人在一起的时间长对爱情有什么好处。

伊莎贝尔：这不是爱情，你感兴趣的只是跟他的床事！

母亲：我当然对床事感兴趣，你不感兴趣吗？就算这只是一个美好的性爱故事，难道我就不能有一个美好的性爱故事吗？而且……你们两个都疯了吧？你们以为自己是怎么来到这个世界上的？你们以为我是用耳朵把你们生出来的吗？我就是通过床事创造了你们……而且我可以说，我跟你们爸爸的床事还是很愉快的，你们还想怎么样呢？现在我和他之间没有感情了……也许你们不喜欢听这些，但你们的妈妈，她就是有性需求。她的性生活过得很好，比任何时候都好。还有一些你们不想听的事情：我恋爱了，我很快乐，我沉浸在幸福中。

这个充满幽默感的场景讲述了一个女人想辞去母亲角色，去过她作为一个女人的生活的故事。孩子们无法忍受失去父母的支持。即便成年后，每个人内心的适应小孩对爸爸妈妈的需求仍旧是难以满足的。

当亲职功能持续时间过长时，一些父母会感到窒息，他们个人的成长也会凋零。在这部电影中，母亲的角色唤醒了每个人都必须解决的存在危机；只有解决了这个危机，每个人才能拥有完整的人生。电影中的母亲意识到，她只有结束自己一直以来的牺牲，人生才可能有意义。为了孩子牺牲自己的人生并非无条件的爱的标志。此外，相信牺牲会带来幸福只是一种妄想。荣格坚持认为，父母想活却未曾活过的人生，对子女的人生也会造成一定的影响。

从亲职功能或亲子功能中"辞职"的权利不是放弃，而是对亲情纽带的解放。成熟而有爱心的前父母会很高兴看到前子女没有他们也能快乐，成熟而有爱心的前子女也会很高兴地看到前父母在没有自己的情况下也能开心地生活。因此，重逢时双方只会更加轻松、更加自由。

自我重构的权利

前子女和前父母往往只能通过从前那些冻结和扭曲的记忆形象来认识彼此。过时的内在形象会激活自发的亲情纽带，使双方重蹈覆辙。因此，重新调整对彼此的印象十分重要，能够修改原有的表征，让双方在此时此地真实的状态下进行交流。以下是两个关于重构形象的事例。

- 当前父母提到一个关于你的但你自己并不了解的性格特征（某种价值观、品味、观点、爱好、行为等）时，他们指的是在你成长中哪个年龄阶段的性格特征？

  为前父母重构形象："我提醒你一下，你说的这些对应的时间是在童年／青春期，现在我已经不再是那个儿童／青少年了，我是一个成年人。"

- 当你的前子女提到一个关于你的但你并不了解的性格特征（价值观、品味、观点、爱好、行为等）时，他指的是你哪个时期的性格特征？

　　　　为前子女重构形象："我提醒你一下，你说的这些与我以前当父
　　　母的时候对应，现在我不再是你的父母了，我是你的前父母。"

　　自我重构就是让你现在的样子变得真实，并为他人所接受。这种调整反映了你摆脱过去的角色身份，表达自己现在身份的能力。这也能够将更准确的自我表征灌输给他人，也就是说清除陈旧的元素。在功能失调的前子女与前父母关系中，自我重构的力量是微弱的。许多前子女一旦回归原生家庭，就会重启从前那一套信念和行为。所以，成年人的自我发展与他有没有能力调整自己的整体形象以及在他人面前展现自己密切相关。

　　任何重构都是有意识地进行的，是真正的内在净化工作的成果。前子女与前父母之间的冲突证明了双方存在尚未解决的内心症结。重构自己的形象可以探究到自己内心的压力，有助于在人际关系方面产生新的可能性。内疚、牺牲、害怕失去爱、害怕背叛自己爱的人，诸如此类的心态会削弱推动每个人成为成熟成年人的内心力量。

　　对自我形象的重构遵循着一条重要原则：人从出生到死亡，都在不断成长。每个人都伴随着自身的优点与弱点，独自在人生道路上摸索前行。在与他人建立关系的同时，每个人都要做自己——这一生存挑战不存在任何简单的答案。

　　家庭联盟的新规则要求优先考虑亲子关系的质量。尽量在前子女与前父母关系中寻求和谐与安定，这一点至关重要。这样，你和前父母／前子女就可以既不妥协也不封闭地在亲子关系中继续成长。通向自我的道路会遇到很多人，学会接纳自己和他人也为人际关系的重新调整开辟了一条新的道路。

第九章
亲子关系的重新调整

不物化他人，才能捍卫自己不是他人附属物的权利。我们努力让这个关于人的世界——这个让我们以人的模样对待他人，也是唯一让我们可以真正好好生活在其中的世界——适合生存。

——费尔南多·萨瓦特尔（Fernando Savater）

神奇秘方是不存在的

前子女与前父母改善关系是否遵循某些特定步骤呢？——"重新调整亲子关系"这种说法可能让人忍不住这样想。但答案是：完全不是这样。如今，对人、人际关系和个体发展的简单化看待，鼓吹了为获得幸福而采取一系列行动的好处。每个人都紧盯着自己的幸福"待办事项清单"，关于幸福的建议必须简单、快速、有效且无痛。

探索前子女与前父母关系的复杂性，需要面对人与人关系的根本主观性。在与前父母建立新联盟这件事上，没有任何合理方法能提供帮助。因此，我们提出的建议并非对修复关系的保证。建立毫无限制和约束的理想关系也是一件不可能的事情。痛失的东西不可能被寻回，童年失去的一切也不可能被弥补。小时候梦想中跟自己的父母不一样的父母也不会存在。而作为父母，想要生一个孩子来延续生命的愿望也注定不可能实现。准备好迎接自己和对方的挫败与失望吧。

哲学家朱莉娅·德·菲奈斯（Julia de Funès）指出："自我的力量更多地在于接纳，而非立场。"[163]亲子关系的重新调整并不意味着要坚持原来的立场。在一段关系中，接纳并认同对方是特定的、不同的存在，对重新调整这段关系而言至关重要。这不是原本就存在的，而是双方需要获得的能力，是对成年人成熟程度的肯定。与前父母的关系将永远不能满足你内心的永恒小孩的期望——这反而更好。改善亲子关系环境不应该是一味苛求，而应该是双方相互认可的化学反应。你必然要摸索，时而前进，时而后退，而对方也同样如此。这些都是不可避免的。

亲子关系的重新调整基于两大基本原则：公正（公平且恰当）和同等尊严（尊重与自尊）。在任何亲密关系中，这两大基本原则都能起到黏合剂的作用。这些原则虽然使亲子关系中的"主角们"产生了一定的距离，却让他们能够更好地重新结盟。

亲职功能的尾声

卡琳面对她的儿媳

那天晚上，60 岁的卡琳十分开心地邀请 30 岁的儿子安托万和 28 岁的儿媳苏松来与她共进晚餐。但是儿子打电话说他们要迟一点到。她注意到了儿子冷漠的语调，但她没有拆穿，只是表示迫不及待地想见到他们。他们到达后，卡琳感受到了儿子和儿媳之间十分紧绷的状态。为了能度过一个愉快的夜晚，她假装什么都没有注意到。安托万和苏松说他们不饿，而卡琳为了让他们开心，做了一桌子菜。她其实感到非常失望和伤心，但仍然保持着微笑。她选择什么都不表现出来，对自己的感受也只字不提。她希望不惜代价让一切顺利进行。为了缓和气氛，她把一切做到位，表现得很好。她扮演着自己认为的好母亲的角色。然而，一就座，安托万和苏松就爆发了激烈的争吵。卡琳觉得自己陷入了一场与自己无关的争执之中，感到不受尊重，被当成了人质。她告诉自己，夫妻俩之间的问题与她无关，但是没用，她感到气急败坏。她想大喊：“你们立刻给我闭嘴。我在这里不是为了当看你们争吵的观众。我需要平静地跟你们一起度过一段美好的时光。”然而，卡琳觉得自己没有资格捍卫自己的感情。她怒不可遏，终于爆发，对着儿媳妇狠狠地骂道：“我不允许你在我的地盘对我儿子这样说话！我受够了那些想通过欺压男人来掌控他们的女人！够了！”随后她们就发生了激烈的口角，苏松感觉自己好像在面对她的亲生母亲。最后，她起身离开，并且大声对卡琳说：“你又不是我妈！”安托万对他的母亲勉强笑了一下，也默默地走了。卡琳孤身一人坐在餐桌旁，心灰意冷。

一周后，她在心理治疗中谈到了这件事。

卡琳：我感到很为难。我认为自己维护儿子是对的，但同时，我对苏松说了一些不算公平的话。

治疗师：哪些话？

卡琳：我发现苏松非常蛮横，而我的儿子畏畏缩缩的。他任由事情这么发展，这让我感到很恼火。但我还是觉得我把自己和母亲的故事投射到了儿媳身上。

治疗师：确实，你经常说你的母亲很蛮横，掌控一切。你还告诉过我你的父亲通常不干涉。他在你的母亲面前维护过你吗？

卡琳：没有，他对此不以为意。无论如何，我当时实在没有别的办法了，我被苏松气疯了。她毁了我的晚餐聚会。

治疗师：我明白。在家庭系统中，每个人都会按照自己过去的性格，在故事中扮演早已被设定好的角色。在这个故事中，你本来应该扮演什么角色呢？

卡琳：我显然应该保持沉默，要表现得友好，接受对我来说不愉快的情况。

治疗师：目的是什么？

卡琳：这样才能一切顺利。

治疗师：那一切顺利吗？

卡琳：不顺利，甚至更糟。

治疗师：我对你儿子的态度挺感兴趣……

卡琳：是的，他是一个可怜的家伙。我之后为自己的过激向他道歉了。

治疗师：你不生他的气吗？就像苏松一样，他把你卷入了他的感情问题中。

卡琳（沉默了一会儿）：我当时并没有这样想。反正我不能因为任何事责怪他。

治疗师：为什么？

卡琳哭诉：我是一个差劲的母亲，现在我要试着弥补我的过错。

治疗师：在这件事中，你试图扮演好妈妈，但事实上，你是在尝试把和你自己父母的关系投射到儿子和儿媳身上来修复你自己的童年。小时候，你忍受着母亲的暴躁，而你的父亲就像跟她串通一气，眼睁睁看着你被这样对待却不维护你，是这样吗？

卡琳：是的。

治疗师：在我看来，你好像一边指责你的母亲，一边又为你的父亲开脱，就像你指责苏松但不怪儿子一样。在你扮演"好母亲"的角色的时候，你被要求保护儿子免受他"恶毒"妻子的伤害。你规避了儿子的责任，就像你忘记了父亲也有他的责任一样。

卡琳：是的，的确是这样，我的儿子和我的父亲一样，不能像一个男人一样承担自己的责任。

治疗师：你的父亲和你的儿子要对自己的选择负责，只要你不把这个责任还给他们，你就会在"好母亲"的面具下，处在不合理的地位，掌握着不合理的权威。

几天后，卡琳联系了儿子，表达了她对自己在儿子婚姻矛盾中充当"人质"的不满。安托万也承认自己的行为不像一个成年人。

卡琳告诉我们的事说明了某些看似鸡毛蒜皮的情况其实隐藏着恍惚状态，在这种状态之中的人，会重拾父母角色或子女角色。为了确保前子女与前父母的关系正常运转，前子女不必让前父母或岳父母介入前子女的冲突和亲密关系之中。

卡琳认为支持儿子是她的责任。前子女和前父母之间的支持显然是负责任的表现，但必须先获得对方清晰的请求和明确的同意。支持前子女并不意味着永远服务于他。前父母在面对前子女时如果保持父母姿态，就好像是以一个不正当的理由占据了一个不属于他们的地位。

存在于成年人之间的"大人"对"小孩"的支持或爱是不合理的。前父母如果曾经不是充满爱意的仁慈父母，现在也无法通过角色扮演修复过去。这种虚幻的修复只会滋生假象。杰斯珀·尤尔指出："人们或许难以接受这件事：一个人既可以是一个很棒的人，也可以是可怕的父亲或糟糕的母亲。"[164]亲子关系的重新调整能够鼓舞前父母，让他们在亲职功能即将结束时不产生难以接受的情绪：前子女不再需要与父母（功能）之间的关系了，而需要与人（生命）之间的关系。简单点说，前子女和前父母之间的爱存在于一起度过温暖的、充满欢乐和分享的点滴时光。

传递是为了前进

当前子女与前父母的关系渐渐发展到产生一定的深度时，亲职功能就接近尾声了。在亲职功能即将结束时，一场传递仪式变得格外珍贵。前父母有向前子女传递的合理需求，只不过"这将不再通过提供建议、教训或指示，而通过说明他们的个体经历，让子女参与家庭祖辈的代代经历。在前父母对前子女讲述自己与父母的关系，并将那段关系与自己同前子女的关系进行类比时，他们会很愿意将自己在过去和现在的感受通通说出来"[165]。

雅克是一位 63 岁的新晋祖父。他的孙子现在 1 岁了，雅克既高兴又担心。他认为自己的儿子还没有做好为人父的准备。据他说，他的儿子工作太忙，既没有言传身教，也不能给孩子多一点的关注。在妻子的建议下，雅克决定进行心理咨询。

雅克：我的孙子格雷戈里非常棒。我爱死他了，所以我非常希望他有一对有水平的父母。

治疗师：好。你所说的"有水平"是什么意思？你认为你自己"有水平"吗？

雅克：并没有。这就是我为什么建议我的儿子做一个好父亲。我们的关系很好，所以我能直接和他说他哪里做得不对。

治疗师：他总是同意你的看法吗？

雅克（笑）：当然不是！他经常让我弄清楚自己的地位，一生气就把我撵走了。这就是为什么我说我们的关系很好。我发现他的反应非常健康。

治疗师：听你这么说，我有一种感觉，他能够给你最真实的回应，敢于对你生气，这对你来说是最重要的。

雅克：是的，千真万确，我永远不可能对我的父亲这样做。他太专横了，我很怕他。

治疗师：这是你为人父的成就，是吗？你的儿子不怕你。

雅克：是的，我对此感到非常自豪。

治疗师：那你为什么来我这儿呢？

雅克：我的妻子说我太夸张了，说我对儿子的态度很不好，而且我过多地介入了他的家庭生活。

治疗师：你自己有这样的感觉吗？

雅克：有一点吧，但这也是不由自主产生的。

治疗师：我很理解你的担心，你想给孙子和儿子最好的东西。

雅克：谢谢。

治疗师：你说你害怕你的父亲，对吗？

雅克：嗯，是的。

治疗师：那我想，即使你已经成年，你也对他相当顺从？

雅克：完全顺从。我记得他去世的时候，我去殡仪馆跟他告别。我站在他的遗体前，感到非常恐惧。我想象着他又要站起来批评我了。我简直是疯了，对吧？

治疗师：不管怎样，你自己不是那样的父亲。

雅克：不是，我甚至对我的儿子采取一种几乎放任自流的态度，因为我害怕在自己身上看到和我的父亲一样的暴力行为。现在，我意识到这种恐惧使我无法面对我的孩子们。我总是要在他们面前做到最好。

治疗师：你想听我跟你讲一个假设吗？

雅克：当然。

治疗师：我想，从某种程度上来讲，你完全不要求你的儿子在你失败的地方取得成功……

雅克：是的，就是这样。我在教育方面有很多见解，我想把它们传递下去。

治疗师：不，真实情况不是这样的。我认为你在无意识地迫使你的儿子拒绝你，对你生气，以便让他跟你不同，维护他自己作为父亲的地位。这个流程似乎意味着，为了当父亲，你的儿子必须和你决裂。因此，你的儿子将会履行与你的忠诚契约，其实是为了完成你梦想与你自己的父亲之间发生的事情。这样的关系断裂真的会有好处吗？

雅克：不，当然不是。而且，我和儿子的关系与我和父亲的关系无关。我爱我的儿子。

治疗师：你的儿子知道你在童年时面对专横父亲的经历吗？

雅克：他知道一点，但我从来没有跟他正面聊过这件事。

治疗师：我建议你跟你的儿子见一面，和他聊聊你与你父亲的关系、他的暴力行为对你的影响及其对你的成长造成的后果。

雅克：可以。

杰斯珀·尤尔提醒道："大多数人在成为父母时还没有成为真正意义上的成年人。子女在很大程度上帮助父母完成了这个过程。然而，父母有必要知道一个真正的成年人究竟是什么样子的，这样才能好好教导孩子如何成为成年人。"[166]雅克从来不敢在父亲面前表现出成年人的样子，这也让他无法好好地恪尽自己的亲职功能。通过与儿子分享并倾听他的回应，雅克发现儿子对孙子的关注和慈爱从来没有少过，是他这个祖父完完全全忽略了这一面。

在随后的治疗中，雅克做出了如下总结：

"在我的心里，有些事情发生了变化，我平静下来了。在和儿子交流了我与自己父亲的事情后，他也告诉了我他的担忧和疑虑。我不知道怎么表达，但当我发现我的儿子正在好好地履行他作为父亲的使命的时候，我有一种感觉，就是我的亲职功能马上就要结束了。之后，我和他的关系更加亲近、更加公平，而我也更加慎重。从那一刻起，我只想当一个真正的祖父，全心全意陪伴我的孙子，我满怀喜悦地投身于这次新的冒险。"

雅克的经历展现了将亲职功能传递给后代的仪式。通过让儿子了解自己的人生经历，雅克也给了自己跨越无形的忠诚并重新看待自己的父母身份的可能性。对雅克来说，这种传递让他完成了从父亲到祖父这一新角色的过渡。

功能丧失和意义丧失

一些前父母随着逐渐老去，会发现自己失去了习以为常的父母的角色。他们自愿或被迫地适应着前子女的发展、变化和选择。他们如果抗拒，就可能有破坏与后代关系的风险，这是他们中的大多数人都强烈希望避免的。因此他们自愿或被迫放弃监督权，不再未经同意就对前子女的生活提出建议。

对前父母来说，主要的困难在于，随着时间的推移，他们扮演的父母的角色已经成为他们的第二天性。不再为人父母让人感到不安，对某些人来说甚至难以接受。他们从没有想过为人父母是一种职能、一种使命、一种有固定期限的工作，也没有准备从父母这一身份中退休。他们紧抓着亲职功能不放的原因，是出于一种对于自身的存在感到空虚的恐惧。因为一直扮演着父母的角色，他们很难在这一角色之外找到人生的意义。

对许多人来说，对亲职功能的过度认同其实造成了一些严重缺失。他们生命的一部分因为没有做成除此之外的其他事情而感到痛苦。为人父母对某些人来说可能算是真正的个体成就和人际关系成就，但对大多数人来说远非如此。太多的前父母陷在无意识的模式中，错失了与前子女建立新联盟的机会。

若是能以学徒的心态开始并经历为人父母的过程，前父母会感到自己完成了一项充满价值和意义的使命。他们就会知道没有一个孩子能够治愈父母。他们因此学会了重新调整亲子关系，去尊重彼此的需求。就这样，他们继续踏上人生其他角色的冒险之旅。而其中之一，也是最重要的，就是作为祖父母的冒险人生。

作为祖父母的冒险之旅

成为祖父母真是一件幸运的事。然而，那些没有彻底放弃亲职功能的前父母，一旦成为祖父母，有时会发现自己走进了亲子关系的死胡同。除某些例外，祖父母并不会取代父母教育他们的孙辈。而孙辈有时会成为亲子关系的关键：前子女会试图通过自己的孩子修复自己的过去，控制前父母的一举一动。

以下列出的情况揭示了许多前父母在成为祖父母时仍未解决的争议。

- 祖父母变成了保姆。他们在未被征求同意的情况下被安排任务、时间表等。这是他们的职责。他们应该很高兴自己能够照顾孙辈。这项义务可以看作对他们没有在子女身上投入满足子女所需的时间的弥补。
- 祖父母受到监视。他们被认为对孙辈有害或存在危险。这种控制是在变相谴责他们曾经在父母的角色中所实施的伤害行为（我们这里不是在谈论有害的前父母）。
- 祖父母必须付出。前子女会找各种借口让自己的父母为孙辈付出。这种付出（更多的是情感上的而非物质上的）是在隐晦地要求他们弥补曾经对子女的亏欠。

这些态度都让孙辈背负了前父母和前子女无力调整亲子关系的重担。这具有很大的伤害性，因为祖父母的身份非常重要。

- 他们认可孩子的进步，肯定孩子的品质，以此鼓励孩子。他们是孩子成长的有力见证者。
- 他们安抚遇到困难的孩子，分享自己的经历，给他们勇气和希望。

- 他们是孩子的头号支持者。他们陪伴孩子发现自己热爱的事物，并在可能的情况下一起分享。

- 他们倾听孩子的心声，是专注而耐心的耳朵。他们花时间搞清楚孩子的问题，并对他们的提问予以肯定。

- 他们会说"好"。杰斯珀·尤尔确认："我们的大脑将'好'看作'爱'。我们越爱一个人或对他越感兴趣，就越得说'好'，这是不可避免的。"[167]祖父母有更高的自由度对孙子或孙女说"好"。设置某些约束和规则是父母的责任，而祖父母的同意为孩子提供了越界和自由的空间。

- 他们在情感上滋养孩子。他们关心的话语、温柔的举动、温暖的善意对感到被爱和被关心的孩子来说是一种安慰。

在心理治疗中，我们经常会遇到的情况是，前父母作为祖父母表现出来的爱和关怀，会让身为前子女的父母感到惊讶。前子女会注意到前父母竟然有能力与自己的孩子建立和平并且有益的关系，但他们自己小时候并没有和父母一起经历过这些。他们发现"当父母和当祖父母绝对不是一回事"，虽然前子女或多或少有点开心，但想到自己曾经并没有得到这样的对待也会有点沮丧和失落。

鼓舞人心的是，我们发现大多数人当祖父母时都比当父母时做得更好。这是有依据的！当祖父母实际上不是一种职能。当教育的义务逐渐消失，取而代之的是更自由、更自在的关系。祖父母更加成熟，有更丰富的经验，更了解自己，也更注重与孙辈关系的质量。他们还更加开放，更能够识别孩子的天赋和才能。最后，祖父母的冒险之旅也充满了教育意义，强调了亲情关系质量和给予关怀的重要性。对孩子来说，关系的质量极其重要，这也是家庭幸福的最佳指标。

公平原则

共生——亲职功能的源泉 [1]

通过陪伴数千人进行心理治疗，我们接触到的内在小孩和面对父母的永恒小孩的数量不相上下。内在小孩感受到的不公平似乎与适应小孩的共生有关。这一观察启发我们写了一则小故事。

从前有一个充满活力、快乐和好奇心的小女孩。从只有几岁时开始，她就满怀热情地观察这个世界。有一天，当她在花园里散步时，她在一棵参天大树的根系之间发现了一个洞。洞口只能容一个孩子进入，

---

[1]　在心理学中，"共生"一词指婴儿与父母之间的密切关系。共生涵盖了各种现象，例如对分化的抵制和对融合的渴望。——作者注

像是邀请孩子去洞察土地深处的奥秘。英勇的小女孩头朝前，滑进了这个像一张大嘴的地方。石头凿刻的隧道内壁寒冷而潮湿，但洒下的光线鼓舞着她继续探索。走了很长一段路之后，她到了一个大房间，这个房间让人联想起古老城堡中被遗忘的地牢。不知哪里传出的呻吟般的声音吓了她一跳。她看到在最黑暗的角落里有一个笼子，里面关着一个与她年纪相仿的孩子。她毫不犹豫地跑去救她，却白费力气。笼子的门被牢牢锁住了。小女孩看着被困孩子的眼睛，觉得很奇怪，感觉就像是父母变成了跟她相同年纪的样子。她答应那个孩子找到钥匙后会再回来救她。在出去之前，她低声对那个孩子说："现在我知道了你的存在，我就能帮助你了。你不再是孤独一人。"她使劲从树根之中的洞口跑了出来，决心遵守诺言。

这一则小故事揭示了亲职功能构建中的共生问题。为了加强依恋，给子女足够的照顾，父母将子女视为自己的延续和自身的一部分。共生构成、加强并且确保了足够牢固的情感纽带的存在。然而，共生也造成了两个困难。

● 父母想象子女经历的事情和自己经历的一样，倾向于根据自己的经验来解释子女的情绪（恐惧、悲伤、愤怒等）、需求和期望。父母对子女经历的一切的意义和价值的裁定，都以自己为参考中心。

● 因此，父母会将自己未处理好的过去投射到子女身上。随着时间的推移，在与父母的许多互动中，子女会触碰到父母身上隐藏的孩子的那一面。子女"造访"了父母受伤的"角落"，并决定像我们的故事中的小女孩那样拯救他们。

哈维尔·亨德里克斯和海伦·莱克利·亨特观察到："共生会消耗子女的本我，但这也是受伤的父母在童年消耗本我造成的影响。"[168]如果前父母很难摆脱自己构想出的子女形象，不把子女当成独立而具体的个体，那么前子女与前父母的关系仍然会受到影响。前父母认为自己天生了解前子女，因此前父母并不会充分地认识前子女，也无法认识到前子女的特别之处和独特性。

从前子女的角度看，前子女觉得自己了解前父母，因为他曾经一度接触过前父母一部分隐藏的本质（被困在笼子里的小女孩的形象），这种本质可能永远不会表现出来。前子女继续感到肩负使命，拒绝承认前父母自我解救的钥匙只有前父母自己才能找到。对前子女来说，接纳生存的孤独感是痛苦的。无论如何，他在人生中都是独自一人，孤独地面对着自己的责任，孤独地承担着自己的决定和它们带来的后果。

从不公平到公平

不公平的感受是许多家庭中存在的关系问题的核心。它既体现在亲子关系中，也体现在兄弟姐妹之间的关系中。在家庭中，不公平可以概括为既被剥削（"我服务于他人"）又被物化（"我这个人没有价值""我比他人价值低"）的感觉。

即使在今天，不公平的感受仍然源于"儿童与成年人具有同等重要性"这一点得不到社会层面的承认。孩子的不成熟和依赖性强的特点总是被首先关注，他惊人的人际关系能力却无人觉知。每个人都曾是孩子，都知道自己曾经是不喜欢被俯视对待的。孩子带给成年人的影响不被承认，或在很大程度上被低估和轻视。儿童与成年人的关系通常被视为成年人债权人和儿童债务人之间的交易。这种不对等和等级观念对尊重、平等对待儿童的权利造成了阻碍。成年后，分辨出与他人关系中的不公平并做出选择是明智之举："或选择众生世界，与他人之间持续相互关心；或选择分离的立场，相互剥削、相互物化。若选后者，便会失去人性。只有渴望留在众生世界的人，才会以积极乐观的态度对待他们在人际关系中遇到的不公平的行为。"[169]

前子女和前父母如果没有重新调整双方的关系，不公平的感受就会滞留在他们各自的内在小孩之中。这种关系需要建立在"平等"之上，也就是需要"坚持真相"。当前子女与前父母将尊严归还给每个内在小孩，公平对待他时，这种关系就变得平等了。而公平意味着前子女和前父母之间保持了适当的距离。

适当的距离

如果亲密不是共生，那么距离也就不是分离。矛盾的是，共生会将个体分离，而适当的距离却可以强化亲密和真实的情感纽带。任何关系的发展都依赖于亲密与距离之间的良性调整。两者不可能保持静态平衡；人际关系是活力满满的动态状态，是一种舞蹈，一种运动，其调整是永恒的。

人际关系的公平基于适当的距离，让每个人都能感觉自己是一个有别于他人的、独特的个体。适当的距离保证了交流的可能性，在这样的交流中，任意一方仍然充满好奇并向另一方敞开心扉。在前子女与前父母的关系中，适当的距离打破了广泛传播的一个幻象，也就是声称家庭成员比其他任何人都更了解彼此。如果仅仅是血缘关系带来的天生亲近，那么血缘关系这种共生的身体和情感联结往往充满了不公平。适当的距离是对对方的驯服，彼此作为最熟悉的陌生人相互理解、认可和相处。适当的距离让每个人都能质疑前子女与前父母之间真实存在的亲子关系问题，以便每个人都可以从这段关系中获得积极的体验。它通过以下四个方面促进亲子关系健康发展。

● **身体距离**："我与父母保持健康的距离。"

心理治疗师伊丽莎白·霍罗威茨（Elisabeth Horowitz）和帕斯卡莱·雷诺（Pascale Reynaud）揭示了一种伪装的、古老的乱伦：领地乱伦，即在成年后企图占据自己的祖先和家族的领地。她们解释："个体试图以更大的力量将这个地方据为己有，因为它是把我们与家族群体连接起来的唯一确切有形的元素。其实我们很早就感知到我们的原生家庭并不能与我们建立真实的情感纽带。而纽带产生的问题总是导致加倍的依恋。这迫使我们因循守旧地与家人或在属于家族的房子里度过假期，用这样的方式顽固地占据出生的领地，并心怀赎回这一家庭财产的希望。占据祖先的领地，也就意味着触及祖先的底线，因此就不会再有任何闲暇的精力来分化自我和家人：个体又像从前一样，沉浸在无用且虚幻的希望之中，幻想着还能够重新获得父母对自己的关爱。"[170]

● **情感距离**："我可以体验父母的感受而不被冒犯，并且能区分他们的感受和我的感受。"

● **心理距离**："我的需要、我的愿望、我的思想……都是独一无二的，不是根据我的父母定义的。"

● **精神距离**："我基本上独自一人面对自己和对人生的责任。"

　　欧文·亚隆对成为自己父母所产生的孤独感的思考如下："每个人在面对自己的人生时都是独自一人。责任感意味着要对自己的人生负起亲职责任，进行自我教养；意识到自己才是人生的创造者，意味着不再认为存在另一个创造和保护我们的人。深刻的孤独感是自我创造行为的固有特质。每个人都能意识到宇宙最深层的冷漠。也许动物可以通过跟随放牧人、寻求藏身地而找到生存的意义，但被自我意识诅咒的人类，是无法逃脱独立面对生存这件事的。"[171]

　　与前父母或前子女的重新结盟减少了一部分生存的孤独。它提醒每个人，他的人生也可以和他人共同创造。只要他启动恢复程序，就有可能实现重新结盟。

恢复程序

　　我们或许无法以中立公正的态度看待自己，但我们需要公正地对待他人。公平会滋养双方重新建立起的情感纽带，并使前子女与前父母重新结盟。

　　恢复程序能够促进每个人与他人的新关系，以满足每个人对公平的需求。保持健康的距离是启动恢复程序的先决条件，这样才能让每个人都作为完整的个体，而非作为服务他人的对象存在于关系之中。

恢复意味着要翻新，也就是说，重建内在小孩的完整性。它有以下两种表达方式。

● 最基本的是内在恢复。它源于寻找并重新唤醒隐藏的部分自我，这部分自我被认为是不守规矩或不可接受的。重新接纳这部分自我，会让人从父母的形象中抽离，并实施自我养育。

● 外在恢复涉及前子女当下与前父母关系的健康状态。基于对内心真相的捍卫，前子女对前父母当下（或曾经）实施的不当行为进行合理的对抗。

如果不放弃有害的事物并承认正确、有用的事物，亲子关系的重新调整就不可能实现。启动恢复程序为重新结盟奠定了坚实的基础。

50 多岁的乔治回忆起与父亲的一次交流：

"他对他自己老母亲的埋怨和挑衅的态度让我很恼火。有一天，他不同寻常地、坦诚地跟我说了他小时候面对母亲令人焦虑的行为时所遭受的痛苦。当他激烈地讲述这件事时，他只是站在自己内在小孩的立场上，没有再抱怨。我有一种感觉：他给了我一把了解他的钥匙，告诉我他正在经历什么。我立刻感到与他变得更亲近了。

从那以后，我的愤怒消失了。有些正确并且真实的东西让我们之间的亲情纽带发生了变化。"

对公平、适当距离和恢复程序的追求，为前子女和前父母提供了充满真相和真实性的交流。亲子关系的每个"主角"仍然保有自己的优点和弱点、冲动和局限。但实际上，前子女与前父母的关系很容易退回到原来的局面。如果将新的亲子关系建立在同等尊严的基础之上，那么这种倒退状态就并非难以避免。

同等尊严原则

尊重自己

1948 年的《世界人权宣言》（*Déclaration universelle des droits de l'Homme*）第一条规定："人人生而自由，在尊严和权利上一律平等。他们富有理性和良心，并应以兄弟关系的精神相对待。"要实现这一共同理想，要先对儿童的本质及权利有新的认识。

"同等尊严"一词是由家庭心理治疗师杰斯珀·尤尔创造的，是展现亲子关系质量的基础之一。他确信："在我看来，人际关系中的同等尊严在于承认所有个体无论年龄大小都具有相同的价值，以及在于尊重个体的尊严和他人的完整性。"[172]对他来说，同等尊严能够让每个人在一生之中，从人与人之间的信任与爱中汲取养分，并滋养人际关系互动的基础。

基于同等尊严的亲子关系呈现人与人之间的情感纽带，而并非人与物的。孩子没有被物化，他的思想、感受、行为、价值观、梦想和目标都会像成年人的那样获得关注和尊重，被理解、被倾听和被考虑。很少有人在童年有过这种经历。同等尊严承认亲子关系的自然不对等性，同时排斥其中的等级化。每个人，无论是成年人还是儿童，都具有相同的内在价值。只不过，作为成年人的父母要像一盏明灯一样照亮孩子的脚步。父母的领导力对孩子而言是至关重要的，因为孩子需要感受到父母在面对比他们自己更小、更脆弱的人时，是能担得起责任的大人。

如果仅仅只是承担父母的角色，那么无论对孩子多么慈爱，话说得多么好听，表现得多么积极，都是对孩子的不尊重。为人父母不能建立在"预防一切"和关系平衡的基础上。为人父母是一种领导力：父母陪伴孩子人性化地成长——这首先基于孩子们的感受。他们怀着同理心教导孩子处理孩子不能也不知道如何独自处理的一切，其中包括在不同年龄阶段的许多情绪、冲突和挫折。

显然，同等尊严会影响前子女与前父母的关系。它将尊严和完整性置于亲情纽带的中心。很少有前父母觉得自己不尊重前子女。相反，一些前父母认为前子女对他们缺乏尊重而感到不快，觉得自己才是受害者。他们反对说："我是你的父亲／你的母亲，所以你应该尊重我！"前子女和前父母之间的同等尊严使人们对亲子关系的等级化和亲职功能的持续性产生了怀疑。

尊重源于对人的尊严的相互承认。同等尊严孕育了针对重新结盟的提议："亲爱的前父母／前子女，我觉得我们之间有点问题。我需要搞清楚一些关键点才能重新对我们的关系感到满意。我希望我们能够一起梳理一下发生的事情。"这种请求的发起者可能得到几种回应：断然拒绝、沉默、否定、不同意或表达痛苦。

重新结盟意味着同等尊严（尊重每个人的尊严和完整性）可以进行自由而深刻的表达。亲子关系的情绪和情感本质可以因此超越想从对方那里得到什么或认为自己亏欠什么的想法。每当你认为他人必须服务于你的兴趣、期待、要求时，你就会意识到你正在物化对方。

认可自己

什么是人？这一带着存在主义性质的问题的答案就在你心里。前父母的言行并不能完全给你正确的答案。关系，这个事关所有生命的利害的核心命题，强调了"什么是人？"这一看似简单的问题的意义。健康的人际关系应该在人与人之间，而非在物与物之间发展。

同等尊严原则强调个体作为人的价值。杰斯珀·尤尔提醒："每个家庭中都有因为个体差异产生的对抗。每个人，无论年龄大小，都是有独特需求的个体，都希望能被重视。许多父母很难认识到这一点，因为在他们自己成长的家庭之中，无法学会如何保持自身的完整性。几个世纪以来，儿童和青少年的身体和心理界限及需求一直被忽视！为了被爱，他们被教育成压抑自己，并且服从于父母提出的要求的个体。"[173]

许多成年人继续按照被教导的方式维持亲子关系，而不管自己真正需要的是什么。他们无法捍卫或发现很难捍卫自己的边界。他们错误地认为对方能够满足自己所有的需求。为了避免任何沮丧、愤怒或悲伤等情绪，他们伪装自己，戴上面具，有时甚至不惜一切代价，试图从对方那里获得看上去有好处的反馈。在这种人际关系的惯性形态中，每个人都沦为了他人的物品。

非洲作家韦罗妮克·塔乔（Véronique Tadjo）分享过《戴着七副面具的男人》的故事。

从前，有一个男人有七副不同的面具，每周七天，一天戴一副。每天早上起床后，他就立即用一副面具遮住脸。然后穿好衣服去工作。他就这样活着，不让别人看到他的真面目。

然而，一天晚上，当他熟睡时，一个小偷偷走了他所有的面具。他醒来时意识到面具被盗，就声嘶力竭地大喊："有小偷！有小偷！"然后，他走遍城市的所有街道寻找他的面具。

他咒骂人们，还威胁说如果他找不到面具，整个世界都会遭遇巨大的不幸。他花了一整天的时间寻找小偷，却无功而返……

他既绝望又伤心，彻底崩溃了，哭得像个孩子。人们试图安慰他，但没有什么可以减轻他的痛苦。

一个路过的女人停下来问他：

"怎么了，朋友？你为什么哭成这样？"

他抬起头，哽咽地回答：

"有人偷了我的面具。我的脸就这么暴露在外面，我觉得自己太脆弱了。"

"放心吧。"她对他说，"看看我，我从出生起就一直露着脸。"

他长久地注视着她，发现她很漂亮。女人弯下身子，对他微笑，擦掉他的眼泪。男人生平第一次感受自己的脸被人温柔地抚摸[174]。

前子女与前父母的关系是面具最多的关系之一。坚硬的面具将人与人分隔开。其中有前子女和前父母为自己戴上的面具，也有投射到对方身上的面具。前子女与前父母放下过去的某些面具，相互认可，并不意味着：

● 你将被对方完全满足或你将能够完全满足对方；

● 你将通过充分展现自己，建立完全真实的关系。

在同等尊严的关系中认可自己，就是接受一段和平、深刻、有限的关系。前子女与前父母的重新结盟，是在对"作为独立的个体相见"的共同期待中形成的。不要期待这样的人际关系中会充满仁慈、爱、关心和支持。拥有美好的品格不等同于拥有美好的人际关系。只要努力让自己变得更完整，不断重新调整人际关系，你就会经常从人际关系幸福和快乐的微小时刻中受益。

一个人如果不真实，也就是说与他的自我表露不符，那么就无法认可自己、认可他人并被他人认可。每个人都是原创的作品，而非苍白的复制品，都要摆脱变成他人的念头。

解放自己

要把自己从融入他人、满足他人的一切或期望从他人那里得到一切的欲望中解放出来；要把自己从逃避、伪装或孤立的欲望中解放出来。这些都会冻结你人性的温暖。太多成年人悄悄将这些永恒小孩的策略绑在自己身上了。

几年前，动画电影《冰雪奇缘》（ *La Reine des Neiges* ）中的歌曲

《随它吧》(*Libérée délivrée*)① 牵动了很多孩子和成年人的心：

> 冬天在夜晚慢慢降临
>
> 每朵雪花都能成为女王
>
> 孤独的王国
>
> 我的归宿就在这里，永远
>
> 我内心呼啸的风不再想着明天
>
> 它如此强大
>
> 我的战斗都是徒劳
>
> 藏好力量，不要告诉别人
>
> 小心，秘密长存
>
> 没有情绪，没有痛苦
>
> 没有感情
>
> 得到自由，获得解放
>
> 我再也不会说谎
>
> 得到自由，获得解放
>
> 决定了，我要离开
>
> 我把童年留在夏天
>
> 在冬天迷路

---

① 此歌词版本为法语版本的中译版。——译者注

寒冷对我来说是自由的代价

当我越爬越高

一切都显得微不足道

悲伤、焦虑和恐惧

早已离开了我

我想看看自己能做什么

用这充满神秘的魔法

好的，坏的，我说算了

算了！

得到自由，获得解放

星星向我张开双臂

得到自由，获得解放

不，我没有哭

我在这里

是的，我在这里

迷失在冬天

我的力量来自天空，直达天空

我用冰雪中的绘画雕刻表达灵魂

我的思绪是冰冻的水晶花

我不会再回来

过去已经过去了！

得到自由，获得解放

现在没有什么能阻止我

得到自由，获得解放

不再有完美的公主

我在这里，和梦想中一样

迷失在冬天

寒冷对我来说是自由的代价

这首歌让我们想起了内在小孩冻结的灵魂，逃跑的孩子相信自己的神奇力量不属于这个世界。法国法兰西学院院士程抱一（François Cheng）说："灵魂是每个人类个体独有的、擦不掉的印记。……说到这里，我很想补充一点，灵魂不仅是每个人独有的印记，它还保证了人作为一个生命的基本统一性，从而保证了尊严和价值。"[175]

同等尊严允许人们重新调整亲子关系，敢于将内在小孩从冰冻的城堡中解救出来。哪怕冒着断绝一段关系，甚至是与前父母的关系的风险，也好过从未分享过自己生命和灵魂的真相就认输，从这个世界上消失。

亲子关系的重新调整有利于双方重新结盟。你应该为自己是这样的一个人感到自豪。人之所以为人，是因为能伸出双手、张开双臂，更好地接纳生命中那孩子般的脆弱。每个人都有自己的责任，要对自己独一无二的人生负责，也需要对自己所有的人际关系负责。正如哲学家马丁·布伯（Martin Buber）所强调的那样："真正的人生是一场场相逢。"[176]

结束语

执着于坚持不合时宜的观念和想法，不仅是在削弱每个儿童的人性，也是在削弱社会中的人性成分。

——杰斯珀·尤尔

你的父母不再是你的父母。这一警句①开辟了一条通向展现新生命的道路。人类大脑的一部分程序设定是反复利用自己熟悉的观念和行为。因此，符合传统模式的关系形式才会一直存在，但这是一种不断否认孩子的天性和基本需求的关系形式。因此，在当下，社会势必要重建核心的纽带和关系结构。

你在本书的旅程已经到达终点。希望我们所说的能让你对影响到前子女与前父母关系的因素有所了解。我们也希望能再次强调以下几点，在我们看来这是本书的精华所在。

---

① 警句是用几句话陈述一个易于理解并且所有人都能明白的事实，引发大家思考，但不代表全面的表达或全面的解释。——作者注

"成年人的父母"是不存在的。仅凭血缘关系并不能解释前子女与前父母关系的复杂性。"成年人的父母"持续存在会使成年人一直处于符合某种既定秩序的、不对等的等级关系中。每个成年人曾经都是孩子。

"家庭是所有家庭成员的起源和精神力量"的幻想促进了人们对家庭现实的理想化和否认。这会导致虚幻和痛苦的关系体验。

父母的职能是有固定期限的。因此你要明白,在考虑父母的使命时,要更多地考虑亲子关系的脆弱性。每对父母都不可避免地朝着前父母的状态迈进。

有些人受困于无法消逝的过去。面对父母,这些人永远都是孩子。他们坚守的生存和自我保护策略使他们依恋父母的角色,并阻碍了他们自己的人生。幼儿化的前子女很难实现他们的生命在隐蔽处所渴望的自主和独立。而亲职化的前子女则会发现他们的能量和活力在不可能完成的任务中被消耗殆尽。

在成长过程中,每个成年人都有责任与自己结盟,重新接纳内心最脆弱和最敏感的部分,即内在小孩。"前子女"和"前父母"这两个词充分肯定了超越自发亲子纽带的必要性。探索亲情纽带的各个维度,就是踏上通往认识自己、理解他人之路。这样每个成年人就有了思考与亲近之人建立新联盟的可能。

前子女与前父母的关系需要不断调整,在这种调整之中,公平、完整和对尊严的尊重会自由地、蓬勃地发展。

宗教学博士安瑟尔谟·格林（Anselm Grün）确信："在一段关系中，放下固化的形象是我保持好奇心、更好地了解对方并在面对他人的未知之处时敞开自我的前提。"[177] 每个成年人在寻求自由和责任的过程中，都会逐渐与父母的角色分离；前子女通过确保与前父母关系的合理质量，为社会的再生发展尽自己的一份心力。即使亲子关系永不消失，也没有人应该继续做先人的囚徒。在个性化过程中，每个人都可以接受或拒绝某一部分父母遗留之物，不过要记住这些遗留之物只不过是构成他的一部分。对亲子关系的忠诚在社会中根深蒂固，因此，人们面临的巨大挑战之一是接受差异。当痛苦爆发时，每个家庭就会开始面对这一挑战。痛苦如同警告信号，家庭内部的痛苦说明了其中一名（或几名）家庭成员不同意在其不知不觉的情况下支配其行为的忠诚和规则。

前子女与前父母的关系像一首长长的哀悼之歌，它为放弃不再存在或从未存在过的事物而吟唱。这种关系允许表达亲情纽带中的所有痛苦、渴望或阻碍，属于探索人的心灵界限的冒险之旅。无论你的童年痛苦的根源来自哪里、强度如何，它都不必持续下去。你的内在小孩渴望舒适与平静，希望亲子关系能够出现新的可能性，希望在人际关系中能够简单、自在地做自己。

作为成年人，每个人都有解决自身生存危机的使命。在这场危机中，重新调整与前子女或前父母的关系、重新与前子女或前父母结盟发挥着至关重要的作用。用波兰诗人切斯瓦夫·米沃什（Czeslaw Milosz）的话来说就是，"每个存在的生命里，都有着一道痛苦的界限，痛苦过后就是平静的笑容"①。

---

① 节选自切斯瓦夫·米沃什的诗歌《华尔兹》（*Valse*）。

参考文献

[1] Exode 20, 12. Traduction œcuménique de la Bible.

[2] Épître de Paul aux Éphésiens VI, 1-3.

[3] Lassus P., *La Violence en héritage. Le tragique paradoxe des relations parents- enfants*, François Bourin éditeur, 2011, p. 43.

[4] Galland S., *La Relation entre les adultes et leurs parents. Faire évoluer le lien tout au long de sa vie*, Les Éditions de l'Homme, 2019, p. 18.

[5] Lassus P., *La Violence en héritage*, op. cit., p. 52.

[6] Galland S., *La Relation entre les adultes et leurs parents*, op. cit., p. 23.

[7] Miller M., *Le Vrai « Drame de l'enfant doué ». La tragédie d'Alice Miller*, Presses uni-versitaires de France, 2014, p. 162.

[8] Miller A., *C'est pour ton bien. Racines de la violence dans l'éducation de l'enfant*, Aubier, 1984, p. 307.

[9] Fleury C., « Qu'est-ce que faire famille ? », dans Coum D. (dir.), *Avons-nous besoin de père et de mère ?*, Érès, 2016, p. 19.

[10] Lassus P., *Maltraitances. Enfants en souffrance*, Stock, 2001, p. 79.

[11] Van der Kolk B., *Le corps n'oublie rien. Le cerveau, l'esprit et le corps dans la guérison du traumatisme*, Albin Michel, 2018, p. 164.

[12] Fleury C., « Qu'est-ce que faire famille ? », art. cit., p. 24.

[13] Crépin C., « La famille idéale », *Recherches et prévisions*, n°64, 2001, p. 103. 2.

[14] Ibid., p. 106.

[15] Miller A., *C'est pour ton bien*, op. cit., p. 78.

[16] Fleury C., « Qu'est-ce que faire famille ? », art. cit., p. 13.

[17] Juul J., *Cinq Piliers pour une vie de famille épanouie*, Marabout, 2019, p. 29 et 30.

[18] 约翰·布拉德肖在其作品《家庭，创建自尊的新方式》（*La Famille. Une nouvelle façon de créer une solide estime de soi*，法国科学与文化出版社，2004 年版，第 19 页）中提到的弗吉尼亚·萨提尔（Virginia Satir）的评论。

[19] Filliozat I., *Je t'en veux, je t'aime. Ou comment réparer la relation à ses parents*, Marabout, 2004, p. 33.

[20] Andolfi M., « Le couple : évolution et crise dans une perspective trigénérationnelle. À la recherche des fondamentaux », *Thérapie familiale*, vol. 32 (1), 2011, p. 10.

[21] Winter J. E., « Le modèle évolutif de Virginia Satir », dans Elkaïm Mony (dir.), *Panorama des thérapies familiales*, Seuil, 1995, p. 423.

[22] Ibid., p. 439.

[23] Winter J. E., « Le modèle évolutif de Virginia Satir », art. cit., p. 429.

[24] Satir V., *Thérapie du couple et de la famille*, Desclée de Brouwer, 1995, p. 10.

[25] 摘自克里斯托夫·安德烈为奥利维亚·哈格尼蒙特（Olivia Hagnimont）的作品《家庭晚餐。或如何在有爱与神经症的家庭中生存》（*Le Dîner de famille. Ou comment survivre dans une famille aimante et névrosée*，法国奥迪尔·雅各布出版社，2016年版，第7页）写的前言。

[26] Ballet de Coquereaumont M.-F. et E., *Rituels de l'enfant intérieur. Un voyage initiatique pour se réinventer*, Le Courrier du Livre, 2019, p. 175.

[27] Bradshaw J., *La Famille*, op. cit., p. 37.

[28] Bradshaw J., *La Famille*, op. cit., p. 37.

[29] Abignente G., *Les Racines et les Ailes. Ressources, tâches et embûches de la famille*, De Boeck, 2004, p. 234.

[30] Ducommun-Nagy C., « La thérapie contextuelle », dans Elkaïm M. (dir.), *Panorama des thérapies familiales*, op cit., p. 104.

[31] Michard P., *La Thérapie contextuelle de Boszormenyi-Nagy. Une nouvelle figure de l'enfant dans le champ de la thérapie familiale*, De Boeck Supérieur, 2015, p. 199.

[32] Juul J., *Cinq Piliers pour une vie de famille épanouie*, op. cit., p. 28.

[33] Ibid., p. 16.

[34] deMause L., *Les Fondations de la psychohistoire*, Presses universitaires de France, 1986.

[35] Termes empruntés à Marie Andersen. Voir Andersen M., *L'Emprise*

familiale. Comment s'affranchir de son enfance, Marabout, 2015, p. 78.

[36] Abignente G., *Les Racines et les Ailes*, op. cit., p. 66.

[37] Ballet de Coquereaumont M.-F. et E., *J'arrête d'être mal dans mon couple! 21 jours pour sauver l'amour*, Eyrolles, 2016, p. 8.

[38] Fredrickson B., *Ces micromoments d'amour qui vont transformer votre vie. Love 2.0. : une approche révolutionnaire de l'émotion suprême*, Marabout, 2014, p. 30.

[39] Ibid., op. cit., p. 36.

[40] 法国儿科医生卡特琳娜·盖冈发表的研究。参见《为了幸福童年，基于对大脑的最新发现再次思考教育》(*Pour une enfance heureuse. Repenser l'éducation à la lumière des dernières découvertes sur le cerveau*，2014 年版，第 30 页)。

[41] Juul J., *Cinq Piliers pour une vie de famille épanouie*, op. cit., p. 203-204.

[42] Juul J., *À qui appartiennent les enfants ? Réflexions sur la petite enfance*, Fabert, 2016, p. 38.

[43] Kohn A., *Le Mythe de l'enfant gâté. Parent hélicoptère, enfant surprotégé : des croyances révélatrices de notre société*, L'Instant Présent, 2017, p. 83.

[44] Mello A. de, *Quand la conscience s'éveille*, Albin Michel, coll. «Espaces libres », 2002, p. 119.

[45] Kohn A., *Le Mythe de l'enfant gâté*, op. cit., p. 228.

[46] Winter J. E., « Le modèle évolutif de Virginia Satir », art. cit., p. 427.

[47] Elkaïm M., *Comment survivre à sa propre famille*, Seuil, 2006, p. 34.

[48] Pierrehumbert B., *Le Premier Lien. Théorie de l'attachement*, Odile Jacob, 2003, p. 372.

[49] 此测试已发表在我们的另一本书《我不再害怕了！》(*J'arrête d'avoir peur!*，法国埃伊罗出版社，2014 年版，第 182~183 页）中。

[50] Van der Kolk B., *Le corps n'oublie rien*, op. cit., p. 187−188.

[51] Elkaïm M., *Comment survivre à sa propre famille*, op. cit., p. 148.

[52] Winter J. E., Le modèle évolutif de Virginia Satir, art. cit., p. 442.

[53] Hillman J., *Le Code caché de votre destin. Prendre en main son existence*, J'ai Lu, 1999, p. 79−80.

[54] Gibran K., *Le Prophète*, éditions Mille et une nuits, 1994, p. 17. 译文参考了湖北人民出版社 2020 年版《纪伯伦散文诗歌精选（上）》，边棣译。

[55] Hillman J., *Le Code caché de votre destin*, op. cit., p. 79.

[56] Ibid., p. 91.

[57] Hillman J., *Le Code caché de votre destin*, op. cit., p. 105.

[58] Wolinsky S., *Ni ange ni démon. Le double visage de l'enfant intérieur*, Le Jour Éditeur, 1995, p. 17.

[59] Van der Kolk B., *Le corps n'oublie rien*, op.cit., p. 409.

[60] Ballet de Coquereaumont M.-F. et E., *J'arrête d'avoir peur! 21 jours pour changer*, Eyrolles, 2014, p. 168.

[61] Ballet de Coquereaumont M.-F. et E., *L'Oracle de l'enfant intérieur. Se reconnecter et prendre soin de son enfant intérieur*, Le Courrier

du Livre, 2017, p. 170.

[62] Prieur N., *Nous nous sommes tant trahis. Amour, famille et trahison*, Denoël, 2004, p. 24.

[63] Ibid.

[64] Stone H. et S., *Vivre en couple. Rester amants, devenirs partenaires*, Warina Éditions, 2008, p. 152.

[65] Épître aux Corinthiens I, 13, 11 (traduction œcuménique de la Bible).

[66] Matthieu, 18, 3 (traduction œcuménique de la Bible).

[67] Salomé J., *Je viens de toutes mes enfances*, Albin Michel, 2009, p. 272.

[68] Ballet de Coquereaumont M.-F. et E., *Libérez votre enfant intérieur. Pour réenchanter votre vie*, Albin Michel, 2015, p. 133-134.

[69] Wolinsky S., *Ni ange ni démon*, op. cit., p. 32.

[70] Wolinsky S., *Ni ange ni démon*, op. cit., p. 34.

[71] Wolinsky S., *Ni ange ni démon*, op. cit., p. 56.

[72] Tomasella S., *Renaître après un traumatisme. La traversée des tempêtes*, Eyrolles, 2011, p. 44.

[73] Wolinsky S., *Ni ange ni démon*, op. cit., p. 147.

[74] Ballet de Coquereaumont M.-F. et E., *L'Oracle de l'enfant intérieur*, op. cit., p. 196.

[75] Tomasella S., *Renaître après un traumatisme*, op. cit., p. 42.

[76] Ballet de Coquereaumont M.-F. et E., *Rituels de l'enfant intérieur*, op. cit., p. 162. Des listes de convictions figées concernant l'estime personnelle, autrui, le comportement à adopter ou la vie en général

sont également consultables dans ce livre p. 160−161.

[77] Elkaïm M. et Cyrunik B. (sous la direction de Michel Maistre), *Entre résilience et résonance. À l'écoute des émotions*, Fabert, coll. «Psychothérapies créatives», 2010, p. 28.

[78] Ballet de Coquereaumont M.-F. et E., *L'Oracle de l'enfant intérieur*, op. cit., p. 52, 64, 76, 88 et 101.

[79] Elkaïm M., *Comment survivre à sa propre famille*, op. cit., p. 22.

[80] Bradshaw J., *Découvrir ses vraies valeurs et cheminer vers l'intégrité*, Les Éditions de l'Homme, 2010, p. 73.

[81] Camus A., *Essais*, Gallimard, coll. «La Pléiade», 1967, p. 196.

[82] Elkaïm M., *Comment survivre à sa propre famille*, op. cit., p. 42.

[83] Elkaïm M. (dir.), *Panorama des thérapies familiales*, op. cit., p. 111−112.

[84] Dolto F., *La Cause des enfants*, Pocket, 2007.

[85] Dupont S., «Les jeunes adultes et leurs parents face à l'entrée dans la vie: une nouvelle étape du cycle de vie familiale?», *Thérapie familiale, Médecine et Hygiène*, p. 407−420, vol. 37, 2016, p. 409.

[86] Ibid.

[87] Ibid., p. 408.

[88] Ibid., p. 409.

[89] Elkaïm M., *Comment survivre à sa propre famille*, op. cit., p. 71.

[90] Peck S., *Le Chemin le moins fréquenté*, Robert Laffont, 1987, p. 13.

[91] Dupont S., «Les jeunes adultes et leurs parents face à l'entrée dans la vie: une nouvelle étape du cycle de vie familiale?», art. cit., p. 413.

[92] Clavier B., *Ces enfants qui veulent guérir leurs parents*, Payot, 2019, p. 8 et 9.

[93] Ibid.

[94] Ducommun-Nagy C., *Ces loyautés qui nous libèrent*, JC Lattès, 2006, p. 50.

[95] Zimmermann Kehlstadt L., «Des adultes encore parentifiés. La parentification, un concept clé en psychothérapies d'adultes», *Thérapie familiale, Médecine et Hygiène*, p. 127-147, vol. 39, 2018, p. 129-130.

[96] Ibid., p. 128.

[97] Ibid., p. 143.

[98] Ibid., p. 134.

[99] Ibid., p. 138.

[100] Forward S., *Parents toxiques*, Stock, 2000, p. 87.

[101] Ibid.

[102] Haxhe S., *L'Enfant parentifié et sa famille*, op. cit., p. 192-193.

[103] Ibid., p. 166-167.

[104] Ibid.

[105] Ibid., p. 139.

[106] Miller A., *Le Drame de l'enfant doué*, Presses universitaires de France, 2008, p. 23.

[107] Zimmermann Kehlstadt L., «Des adultes encore parentifiés. La parentification, un concept clé en psychothérapies d'adultes», art. cit., p. 135.

[108] Jung C. G., *Synchronicité et Paraselsica*, Albin Michel, 1988, p.

231.

[109] Miller A., *Le Drame de l'enfant doué*, op. cit., p. 32−33.

[110] Hendrix H. et Lakelly Hunt H., *Le Guide des parents. Tu es toi, tu n'es pas moi!*, Imago, 2017, p. 60.

[111] Ibid., p. 63.

[112] Ballet de Coquereaumont M.-F. et E., *L'Oracle de l'enfant intérieur*, op. cit., p. 72.

[113] Ducommun-Nagy C., *Ces loyautés qui nous libèrent*, op. cit., p. 88.

[114] Ibid., p. 90.

[115] Binet É., *Le Présent au secours du passé. L'intégration du cycle de vie*, Satas, 2017, p. 50.

[116] Campbell J., *Puissance du mythe*, Oxus, 2009, p. 63.

[117] Ibid., p. 188.

[118] Ballet de Coquereaumont M.-F. et E., *J'arrête d'être mal dans mon couple*, op. cit., p. 8.

[119] Hendrix H. et Lakelly Hunt H., *Le Guide des parents*, op. cit., p. 106.

[120] Yalom I., *Thérapie existentielle*, Éditions Galaade, 2008, p. 220.

[121] Aspremont Lynden I. d', *Médecin de l'âme. Jean Monbourquette*, Novalis, 2008, p. 15−16.

[122] Elkaïm M., *Comment survivre à sa propre famille*, op. cit., p. 93.

[123] Monbourquette J., *Apprivoiser son ombre*, Bayard, 2010, p. 18.

[124] Yalom I., *Thérapie existentielle*, op. cit., p. 648.

[125] 引自 2001 年发布于加拿大魁北克省妇女健康行动网（Réseau

québécois d'action pour la santé des femme，RQASF）的一篇文章，作者为马克蒂和维梅特。

[126] Boutinet J.-P., *Psychologie de la vie adulte*, Presses universitaires de France, coll. «Que sais-je?», 2013, p. 67.

[127] Chopra D. et Tanzi R. E., *Le Fabuleux Pouvoir de votre cerveau*, Guy Trédaniel Éditeur, 2013, p. 279-280.

[128] 节选的诗歌作者为一位 21 岁的年轻女性，她成长于被酗酒行为摧残的家庭之中。参见：Whitfiled Charles L., *L'Enfant en soi. Découvrir et rétablir notre enfant intérieur*, Éditions Science et Culture, 2002, p. 105.

[129] Van der Kolk B., *Le corps n'oublie rien*, op. cit., p. 281.

[130] Pace P., Pratiquer l'ICV. *L'intégration du Cycle de la Vie*, Dunod, 2014, p. 47.

[131] Ballet de Coquereaumont M.-F. et E., *J'arrête d'avoir peur !*, op. cit., p. 92.

[132] Guegen C., *Pour une enfance heureuse*, op. cit., p. 218.

[133] Ibid.

[134] Miller A., C'est pour ton bien, op. cit., p. 15-16.

[135] Ballet de Coquereaumont M.-F. et E., *L'Oracle de l'enfant intérieur*, op. cit.

[136] Ballet de Coquereaumont M.-F. et E., *J'arrête d'avoir peur!*, op. cit., p. 100-105.

[137] Ballet de Coquereaumont M.-F. et E., *Rituels de l'enfant intérieur*, op. cit., p. 20.

[138] Ibid., p. 213-214.

[139] Proulx C., *S'affranchir*, Fides, 2019, p. 11.

[140] Ballet de Coquereaumont M.-F. et E., *Rituels de l'enfant intérieur*, op. cit., p. 63.

[141] Erikson E., *Adolescence et crise. La quête de l'identité*, Flammarion, coll. «Champs», 1972, p. 145.

[142] Ballet de Coquereaumont M.-F. et E., *Rituels de l'enfant intérieur*, op. cit., p. 186.

[143] Ibid., p. 176.

[144] Erikson E., *Adolescence et crise,* op. cit., p. 140.

[145] Hillman J., *Le Code caché de votre destin*, op. cit., p. 105.

[146] Ibid.

[147] Ballet de Coquereaumont M.-F. et E., *J'arrête d'avoir peur!* , op. cit., p. 98.

[148] Ibid., p. 185.

[149] Prieur N., *Nous nous sommes tant trahis*, op. cit., p. 65.

[150] Proulx C,. *S'affranchir*, op. cit., p. 245.

[151] Ripoll H., *Enquête sur le secret des créateurs. Comment Bilal, Guédiguian, Buren, Ricciotti et tant d'autres sont devenus ce qu'ils sont*, Payot, 2015, p. 187.

[152] Proulx C,. *S'affranchir*, op. cit., p. 124.

[153] 此处引用了约翰·布拉德肖基于奥托·兰克（Otto Rank）和伊迪丝·苏尔沃德（Edith Sullwold）的作品中的综述。参见：Bradshaw J., *Retrouver l'enfant en soi*, Les Éditions de l'Homme, 2004, p. 390.

[154] Jung C. G., *Mysterium conjunctionis*, vol. 2, Albin Michel, 1989, p.

351.

[155] Juul J., *Cinq Piliers pour une vie de famille épanouie, op. cit.*, p. 117.

[156] Ibid., p. 116.

[157] Ibid., p. 120.

[158] Voir *Le Cerveau des enfants. Un potentiel infini*, film de Stéphanie Brillant, Jupiter Films, 2018.

[159] Ballet de Coquereaumont M.-F. et E., *L'Oracle de l'enfant intérieur, op. cit.*, p. 229.

[160] Hessel S., *Indignez-vous!*, Indigène Éditions, 2011, p. 19.

[161] Filliozat I., *Je t'en veux, je t'aime, op. cit.*, p. 216.

[162] Bradshaw J., *La Famille, op. cit.*, p. 97.

[163] Funès J. de, *Développement (im)personnel. Le succès d'une imposture*, Éditions de l'Observatoire, 2019, p. 124. Cette auteure fait référence à une idée du philosophe Paul Ricœur.

[164] Juul J., *Cinq Piliers pour une vie de famille épanouie, op.cit.*, p. 44.

[165] Galland S., *La Relation entre les adultes et leurs parents, op. cit.*, p. 160.

[166] Juul J., *Cinq Piliers pour une vie de famille épanouie, op.cit.*, p. 209.

[167] Ibid., p. 155.

[168] Hendrix H. et Lakelly Hunt H., *Le Guide des parents, op. cit.*, p. 68.

[169] Ducommun-Nagy C., *Ces loyautés qui nous libèrent, op. cit.*, p.

29.

[170] Horowitz E. et Reynaud P., *Se libérer du temps généalogique. Comment déprogrammer son destin par la psychogénéalogie*, Dervy, 2002, p. 77–78.

[171] Yalom I., *Thérapie existentielle, op. cit.*, p. 491.

[172] Juul J., *Quatre Valeurs pour réinventer l'éducation. Les clés d'une relation épanouissante pour les enfants et leurs familles*, Marabout, 2017, p. 11.

[173] Ibid., p. 55–56.

[174] Monbourquette J., *Apprivoiser son ombre*, op. cit., p. 41–43.

[175] Cheng F., *De l'âme*, Albin Michel, 2016, p. 42–43.

[176] Buber M., *Je et tu*, Aubier, 2012 (publié pour la première fois en 1923).

[177] Grün A., *Ce qui entretient l'amour. Relations et spiritualité*, Éditions Salvator, 2011, p. 95.

致　谢

我们要先感谢出色的团队——科琳娜·西格勒（Corinne Cygler）、雷吉娜·卡亚佐（Régina Caïazzo）、伊莎贝尔·图莱（Isabelle Tourlet）和海亚特·阿拉切（Hayate Allache）——他们在校对手稿的过程中给出了睿智、细致和富有启发性的建议。我们深深感谢科琳娜在交流中展现的热情。衷心感谢雷吉娜鼓舞人心的帮助。非常感谢伊莎贝尔的深入参与。特别感谢海亚特在参考书目方面所做的研究。

我们也衷心感谢编辑若阿纳·米拉耶（Joanne Mirailles）、拉谢尔·克拉贝尔（Rachel Crabeil）和整个法国埃伊罗出版社团队的信任与支持，以及其创造力和出色的专业精神。

我们向见证了自己的冒险之旅、丰富了本书内容的来访者表示感激。为了保护他们的隐私，所有可能使他们被认出的信息都做了修改。

谨以此书献给所有昨天、今天和明天的前父母：请不要忘记童年的自己。